Volker Resing
Angela Merkel

Volker Resing

Angela Merkel

Die Protestantin

EIN PORTRÄT

benno

Bibliografische Information der Deutschen Bibliothek
Die Deutsche Bibliothek verzeichnet diese Publikation
in der Deutschen Nationalbibliografie;
detaillierte bibliografische Daten sind im Internet über
http://dnb.ddb.de abrufbar.

Besuchen Sie uns im Internet unter:
www.st-benno.de

ISBN 978-3-7462-2648-4

Stammerstr. 11, 04159 Leipzig
Umschlaggestaltung: Ulrike Vetter, Leipzig,
unter Verwendung eines Fotos von © picture-alliance/Sven Simon
Gesamtherstellung: Kontext, Lemsel (A)

Inhalt

Mit Zähigkeit und Energie

Lothar de Maizière

Günter Gaus, der erste Ständige Vertreter der BRD in der DDR, hatte die DDR-Gesellschaft als „Nischengesellschaft“ bezeichnet. Nun, Nischen gibt es überall, aber Gaus hatte richtig erkannt, dass diese DDR-Nischen von besonderer, ja einmaliger Art waren. Eine dieser Nischen war mit Sicherheit der kirchliche Raum in der DDR, der historisch gewachsen, mehrheitlich eine protestantische Prägung hatte. Es geht daher in dem vorliegenden Buch nicht nur um Angela Merkel, unsere ostdeutsche Vorzeigepfarrerstochter, sondern es geht auch nach 20 Jahren um eine „Milieubeschreibung“, die im gesamtdeutschen Bewusstsein (leider) noch immer außergewöhnlich und letztlich in gewissem Sinne fremd zu sein scheint.

Die DDR hatte den „Charme“ des Überschaubaren, in jeder Hinsicht: Dies war nicht nur die geografische Begrenzung, sondern auch die begrenzte soziale Heterogenität. In dieser Mischung von „Arbeitern und Bauern“ mit kleinbürgerlichem Antlitz war jeder soziale Schritt jenseits des vorgegebenen einheitlichen Trampelpfades ein Abenteuer. Sich in die Nähe der Kirche oder in ihr selbst zu bewegen und zu leben, war quasi der permanente Aufenthalt im politisch-ideologischen „Hochspannungsfeld“, mit der Gefahr einer wirklichen persönlichen Existenzbeeinträchtigung.

Die individuelle Nachzeichnung des Lebensweges der Pfarrerstochter aus der Uckermark ist nicht nur ein individuelles Schicksal, sondern auch ein prägendes Spiegelbild einer ganzen Generation von Menschen der früheren DDR. Dies war und ist ein Wechselspiel von Benachteiligungen, Behinderungen, ja der Zerstörung von Lebenschancen, aber auch von Geborgenheit, Glauben und Nähe, geistiger Heimat sowie der Freude an Gemeinsamkeit, Landschaft und Heimat.

Gerade weil diese Spannungen über Jahre so groß waren, ist es auch heute noch nicht nur im Fall von Angela Merkel schwer, eine substanzielle und leicht nachvollziehbare Annäherung an die gelebte Religiosität zu erreichen. Der Autor hat es mit einer ausgeprägten Fähigkeit zum Zuhören und einer verständlichen Sprache geschafft, auch dem unvorbereiteten Leser einen interessanten und nachvollziehbaren Einstieg in die Lebenswirklichkeit des kirchlichen Lebens in der DDR von den 50er bis in die 80er Jahre zu ermöglichen. Das Einzelschicksal von Angela Merkel bleibt im Mittelpunkt, ohne allerdings die Präzision des historisch-politischen Hintergrundes zu vernachlässigen. Konnte man bzw. wie konnte man Christ in der DDR sein und welche Auswirkungen hatte das? Wie stand es bei der Karriereentwicklung um die Bewertung der sozialen Herkunft im Verhältnis zur fachlichen Leistung? Diese Fragen mussten sich praktisch alle Kinder aus christlichen Elternhäusern in der DDR stellen und auch hier gab es keine einheitlichen Antworten. Die DDR war eine aggressiv atheistische Gesellschaft. In den 50er Jahren konnte man in der „Jungen Welt", dem Zentralorgan der FDJ, lesen, dass die „Junge Gemeinde die 5. Kolonne des CIA" sei. Später wurde den Oberen wohl klar, dass man den Sozialismus nicht ohne und schon gar nicht gegen 6 Millionen Christen aufbauen kann. Und so bemühte man sich, aus dem „Kirche im Sozialismus", wohl bedacht als Ortsbeschreibung gesetzt, eine „Kirche für den Sozialismus" herauszulesen oder hineinzuinterpretieren. Wie „fromm" konnte oder durfte man denn unter solchen Bedingungen eigentlich sein?

Die Stationen, Begebenheiten und Bilder, die der Autor über das Leben von Angela Merkel in der DDR aufgeschrieben hat, sind authentisch und zeigen auch die Schwierigkeit und den Spannungsbogen der individuellen Entscheidung unter solchen gesellschaftlichen Bedingungen. Wer sich auf dieses Buch einlässt, wird aber auch die Kraft, die Zähigkeit und die Energie spüren, die Christen in der DDR entwickeln mussten, um ihre eigene Identität unter diesen Bedingungen zu wahren, die sich permanent fragen mussten, wie man dem Totalanspruch des Staates den Anspruch Gottes auf das eigene Leben entgegenhalten kann. Ihr Glaube war es, der sie dann aber auch befähigte, im Herbst 1989 den Kairos zu erkennen und verantwortlich zu handeln. Von diesen Tugenden hat die heutige Bundeskanzlerin Dr. Angela Merkel mit Sicherheit viel mitgenommen und sie sind auch noch heute deutlich spürbar.

Lothar de Maizière, der erste frei gewählte und zugleich letzte Ministerpräsident der DDR, hat Angela Merkel 1990 zu seiner Sprecherin gemacht. Im März 2005 gratuliert die inzwischen zur CDU-Chefin aufgestiegene Merkel ihrem Förderer zu dessen 65. Geburtstag.

Demut und Distanz – Die christliche Kanzlerin

Es bleibt wenig Zeit, als sie den Innenhof der Domschule in Osnabrück betritt. Ihre Prozession auf dem Katholikentag am sonnigen Fronleichnamstag 2008 ist eng getaktet. Mit einem Fernsehgottesdienst hat der Tag begonnen, danach Rathaus und Rundgang mit dem Bischof. Für die Kanzlerin Routine: ein Scherz mit den Ordensschwestern hier, ein Autogramm dort. Die Eröffnung des Jugendzentrums ist Punkt 8 auf der Protokollliste der Bundespolizei. Punkt 15 ist schon wieder die Abfahrt. Immerhin 20 Minuten sind für die Jugendlichen eingerechnet, inklusive dem Schieben durch die Menge, diversen Begrüßungen und dem symbolischem Durchschneiden einer Schnur, was einen Fesselballon zum Steigen bringen soll.

Drei Minuten bleiben für die Worte der Kanzlerin. Den Text dafür gab es vorher nicht, die Berliner Machtzentrale hat nichts vorbereitet, zu unbedeutend, zu kurz ist der Termin für ein ausformuliertes Manuskript. Die Jugendlichen bereiten ihr einen freundlichen Empfang. Einige singen, am Weg stehen die Bannerträger, Leute halten Transparente hoch. Vielleicht bringt Angela Merkel das zu ihrer kurzen und ungewohnt persönlichen Ansprache. „Angie, Angie", riefen die jungen Katholiken ihr zu, die traditionell nicht unbedingt als CDU-nah gelten. Wahrscheinlich war es eher der Promi-Faktor, der die übermütigen und in Festlaune befindlichen Pfadfinder, Kolpinger, Messdiener und andere zu den Jubelrufen antrieb. Doch die Kanzlerin wechselt ins ernste Fach: „Es gibt viele Unsicherheiten", sagt sie ins Mikrophon. „Ihr fragt Euch vielleicht, wofür Ihr Euch engagieren sollt, fürs Klima oder die Menschenrechte. Und welcher Berufsweg ist der richtige." So skizziert sie vom Podium herab die Lebenssituation ihrer jungen Zuhörer. Viel Ungewissheit, viele Entscheidungen. „So geht es mir auch." Die Kanzlerin baut eine Brücke, meint, auch ihr würden Entscheidungen manchmal schwer fallen. Und sicher sei sie sich auch nicht immer, wenn schwierige Probleme zu lösen seien. Das allein klang schon recht kühn: Eine zweifelnde Regierungschefin stellt sich den Jugendlichen vor. Und dann ihre Auflösung: „Aber wir haben einen Gott, wir haben Jesus Christus, der uns gezeigt hat, wie man leben kann."

So ein starkes Bekenntnis hatte wohl kaum einer an diesem Donnerstagmittag erwartet. So ein öffentliches Bekenntnis ist ganz selten bei Angela Merkel. Sie liebt die Zurückhaltung in Glaubensdingen, das hat sie immer wieder gesagt. Doch wenn sie so spricht, dann klingt es überraschend natürlich, fast selbstverständlich. Für Gerhard Schröder wäre solch eine Aussage undenkbar. Und hat Kohl so was jemals zu Jugendlichen gesagt?

Wer ist Angela Merkel? Seit bald 20 Jahre kennt die deutsche Öffentlichkeit die heutige Bundeskanzlerin, doch bei kaum einem anderen Politiker hat sich das öffentliche Bild in dieser Zeit so oft verändert und ist nach wie vor so unscharf in seinen Konturen. Von „Kohls Mädchen" zur deutschen „Eisernen Lady", graues Mäuschen, männermordende Machtmaschine oder „Taste-Kanzlerin", Frau Legt-sich-nicht-fest oder „Physikerin der Macht"? Jürgen Leinemann erwähnt Angela Merkel in einer Spiegel-Reportage vom Mai 1990 zum ersten Mal, als sie noch unbekannt und unbedeutend war. Die Pressesprecherin des Demokratischen Aufbruchs trete mit „fast rührender Aufrichtigkeit" auf, heißt es da. Aus der bescheidenen Anfängerin ist die scheinbare Allmachts-Kanzlerin geworden, die eine Billion-Euro Spareinlagen garantiert,

Finanz- und Realwirtschaft zu retten versucht und den globalen Kapitalismus reformieren will. „Sie kann sich nur selbst zum Staat machen und sagen: Vertraut mir", schreibt Eckhart Lohse Ende 2008 in der „Frankfurter Allgemeinen Sonntagszeitung" über die neue politische Titanin. Wenig später, als es um das zweite Konjunkturpaket geht, ist sie schon wieder abgestempelt als Merkel-Mutlos. Dann macht die „Taz" Merkel zur „Mutter Staat", die die Marktwirtschaft vergessen habe und in die Staatswirtschaft einsteige.

Viele Zuschreibungen haften nur kurz an ihr, einige Klischees sind hartnäckig, obwohl sie nur ein einseitiges Bild abgeben: Die kühle Machtmechanikerin, die männliche politische Gegner reihenweise zur Strecke bringt: Kohl, Schäuble, Merz … Die Naturwissenschaftlerin in der Politik, die Politik für eine Versuchsanordnung hält, das sind verbreitete Charakterisierungen. Doch diese Bilder allein reichen nicht, um der Person gerecht zu werden.

Aber ist sie eine christliche Kanzlerin? Diese Zuschreibung drängt sich zunächst nicht auf. Das Gegenteil wurde ihr immer wieder nachgesagt. Allen voran war es Kölns Kardinal Joachim Meisner, der Merkel seit Jahren – und am liebsten auch der Partei – immer wieder das „C" absprechen will. Meisner, aus dem Osten wie Angela Merkel, hat die Protestantin aus Brandenburg früh angegriffen. Die Abtreibungsgesetzgebung, die Haltung zur Homosexualität, zur Embryonenforschung sind einige inhaltliche Punkte, die für ihn Anlass zu teilweise polemischer Kritik waren. Via „Bild"-Zeitung kritisierte er auch, dass sie geschieden ist und mit ihrem neuen Partner unverheiratet zusammenlebt. Dass sie kinderlos ist und evangelischer Konfession, hat er ihr nicht angekreidet. Es war allerdings Gegenstand öffentlicher Erörterung vor allem in Teilen der katholisch geprägten CDU. Generell gilt ihre vermeintliche öffentliche Zurückhaltung in Glaubensdingen als Ausweis ihrer Distanz. Sie wird als die Politikerin ohne Grundsätze beschrieben, ihr Pragmatismus als Haltungslosigkeit gesehen. Doch das vorherrschende Bild greift möglicherweise zu kurz. Die Frage nach der christlichen Kanzlerin muss neu gestellt werden.

Kurz bevor sie CDU-Bundesvorsitzende wurde, hat sie ihren langjährigen Partner und Freund, Joachim Sauer, geheiratet. Sie habe sich aber keineswegs in Folge der Meisner-Kritik zur Ehe entschlossen. Dennoch sei sie zu ihm hingefahren und habe es ihm erklärt, so berichtet sie später. Eine ungewöhnliche Geste, der Besuch beim Kardinal in Köln. Sicher kein Bußgang und doch ein diplomatisches Zeichen, ein taktischer Schritt. Nach dem Scheitern der ersten Ehe sei sie vorsichtig geworden, so ihre Begründung gegenüber dem katholischen

Angela Merkel an der Seite ihres Ehemanns, des Chemie-Professors Joachim Sauer. Das Paar heiratete nach langjähriger Partnerschaft am 30. Dezember 1998.

Kirchenmann. Die zweite Ehe hat sie nicht kirchlich geschlossen. Die erste noch im heimischen Templin, im evangelischen Zuhause. Manche lesen daraus eine kirchliche Ferne. Gewiss ist es ihr ausgeprägter Wunsch nach Trennung von Privatem und Öffentlichem, der sich darin ausdrückt. Sie selbst hat einmal gesagt, ohne ihre öffentlichen Ämter hätte sie sogar wieder früher geheiratet. Wahrscheinlich ist doch eher, dass der öffentliche Druck eine Rolle gespielt hat bei Entscheidung zur neuerlichen Hochzeit. Auf jeden Fall ist ihr die eigene Entscheidung, was eine kirchliche Trauung angeht, wichtiger als die kirchliche Tradition oder Lehre. „Ich bin auch so gut verheiratet“[1], sagt sie.

Nach den erneuten Diskussionen um die embryonale Stammzellforschung im Jahr 2008 meldet sich der Kölner Kardinal wieder mal zu Wort. Hätten die Kanzlerin und die Ministerin sich kräftig ins Zeug gelegt, sähe das Ergebnis anders aus. Angela Merkel hat sich aber nicht gegen die umstrittene Forschung ausgesprochen, sondern dafür. Für Meisner ein weiterer Sündenfall. Er erwarte von ihr und den Parteifreunden der C-Partei, „dass sie privat und öffentlich sich mühen, nach dem Evangelium zu leben, sei es gelegen oder ungelegen“.

Das genau hat die Bundeskanzlerin den Jugendlichen in Osnabrück auch gesagt. Nur gemeint hat sie es etwas anders. Die Frage nach der christlichen Kanzlerin ist auch die Frage nach der Deutungsmacht, wer den Begriff „christlich“ besetzt, wer ihn mit Leben füllt und wer das Recht hat, über ihn zu bestimmen. Angela Merkel hat sich in ihrer politischen Laufbahn nicht darum gerissen, das sogenannte hohe „C“ anzustimmen, inwieweit sie das christliche Terrain preisgegeben hat, darüber streitet man in der Union. Die Antworten auf die Fragen nach ihrer Christlichkeit im politischen Sinne finden sich in ihren biografischen Wurzeln und in einigen Bausteinen ihrer politischen Arbeit. Am Ende zeigt sich, dass sie möglicherweise mehr preußische Protestantin als DDR-Frau ist, mehr Pfarrerstochter als Physikerin. Und dann ist Angela Merkel vielleicht auch mehr eine christliche Kanzlerin in postsäkularer Zeit, als es einige vermuten oder ihr nachsagen oder wahrhaben wollen.

Sie hat die Menschen immer wieder überrascht und überrascht sie bis heute. Ein enger Mitarbeiter sagt heute, sie sei vor allem eins: „mit Freude unkonventionell". Die Fähigkeit, Widersprüche auszuhalten, sei ihr im besonderen Maße zu eigen. Pfarrerstochter in der DDR, dennoch war sie Mitglied in der „Freien deutschen Jugend" (FDJ), der Nachwuchsorganisation in der SED-Diktatur. Das sicherte ihr Abitur und Studienplatz. In der Schule erregt sie Aufsehen mit einer satirischen Aufführung, die der Leitung missfällt, obwohl sie Mitschülern als angepasst und strebsam galt. In den 1980er Jahren gehörte sie einem Gesprächskreis in der Berliner Gethsemanekirche an, doch sie war eher unpolitisch und sicher keine Oppositionelle im Honecker-System. Nach der Wende stößt sie einige Weggefährten vor den Kopf, weil sie sich der CDU anschließt. Im Prenzlauer Berg wollte in der Zeit außer ihr keiner mit Kohl etwas zu tun haben, meint ein ehemaliger Bekannter. In der bundesdeutschen Politik wird sie dann unerwartet Frauenministerin, Jugendministerin, später Umweltministerin. „Was findet Kohl bloß an ihr?", fragt die „Bild"-Zeitung damals. Nur die doppelte Quote allein (Frau und aus dem Osten) könne doch nicht der Grund für dessen Förderung sein. Ausgerechnet diese „Kohlsche Erfindung" mutiert zu seiner Allein-erbin, die mutiger als alle anderen dem Patriarchen die Leviten gelesen hat. Als Bundeskanzlerin wird sie bisweilen scheinbar wieder handzahm, moderiert die große Koalition. „Nun gönnt den anderen auch mal einen Stich", soll sie Mitarbeiter im Kanzleramt wiederholt ermahnt haben, wenn die SPD auch mal Oberwasser hatte und Merkels Mannschaft Schaum vorm Mund trug. Die vermeintliche Bescheidenheit ist machttaktisch nicht unklug.

In einem Interview mit Campino, dem Sänger der Punkband „Die toten Hosen“, bekennt sie Anfang der 1990er Jahre, schon einmal stark betrunken gewesen zu sein, sogar einen „black-out“ gehabt zu haben. Mit „Kirsch-Whisky“. Das allein reichte schon, das Weltbild des Berufsjugendlichen zu irritieren. Die brave „Ost-Frau“ sei sicher „nie jung“ gewesen, mutmaßte er noch zu Beginn des ungewöhnlichen Gesprächs. Die alte Bundesrepublik wusste nicht viel über den Osten, über ostdeutsche Frauen schon mal gar nicht und über ostdeutsche Protestantinnen, die Physik studiert hatten, erst recht nichts. Vieles, was mit dem unsicheren Blick auf Angela Merkel zu tun hat, ist auch zwei Jahrzehnte nach der Wiedervereinigung noch auf die Kulturscheide zwischen Ost und West zurückzuführen, die nicht nur – was etwa den Protestantismus angeht – in 40 Jahren DDR ihren tektonischen Grund hat. Viel älter sind die Gräben und auch religiösen Verwerfungen zwischen Elbe und Oder. Vor DDR und Nazi-Reich konnte „Ostelbien“ etwa die Erfahrung einer preußischen Reichskirche machen, die auch nicht zur Steigerung der Frömmigkeit beigetragen hatte. Mit der Brille des katholischen Rheinländers, Niederbayers oder Münsterländers ließ sich der Neuankömmling aus dem Osten nur schwer verstehen. Dort vor allem, in den katholischen Gegenden der alten Bundesrepublik, war die alte CDU zu Hause.
Das Fremdeln wiederum der Menschen aus den neuen Bundesländern mit ihrer Kanzlerin hat andere Ursachen. Da war sie für einige vielleicht zu schnell angekommen in der neuen Wirklichkeit. Überhaupt hat sie die Fähigkeit, neue Realitäten schnell zu erfassen und sich selbst darin einzurichten. Das lässt Langsamere zurück, die ihre Lage verteidigen. Das mag im Osten sowohl für große Teile des versprengten konservativeren Milieus gelten als auf ganz andere Weise für die evangelischen Kreise, die ihr schnelles Voranschreiten im neuen System als opportunistisch empfunden haben mögen.

Es war spät geworden, als Angela Merkel am Abend des 3. Dezembers 2007 in Hannover auf dem Parteitag der CDU sich noch mal ans Rednerpult stellt, unerwartet wieder, völlig ungeplant, greift sie in die Debatte um die Frage der embryonalen Stammzellforschung ein. Zur Abstimmung stand ein Antrag, der unter anderem durch eine Verlegung des 2002 festgeschriebenen Stichtags die Ausweitung der Forschung vorsah. Die Stimmung stand gegen diesen Antrag. Und gegen Merkel. Viele wollten an dieser schwierigen bioethischen Frage ein Exempel statuieren, zeigen, was das „C“ im Parteinamen noch gilt. Die Tötung von Leben für den medizinischen Fortschritt, da sollte der Parteitag endlich noch mal klar gegenhalten. Im Bundestag hatte es schließlich durch die Einführung der Stichtagsregelung schon 2002 den vermeintlichen Dammbruch gegeben, jetzt einfach den Stichtag verschieben, das würde dem noch die Beliebigkeit oben draufsetzen.
Lebensschutz gegen Forschungsfreiheit – hier musste die CDU doch noch mal zeigen können, dass sie zumindest ein Mindestmaß an katholisch-kirchlicher Position zu verteidigen in der Lage war. Doch Angela Merkel dreht die Meinung, wirft sich, wie sonst selten, als Person mit in die Waagschale. Es war ihr persönlicher Machtkampf, sagen einige, es war aber eben auch ihre persönliche Sache. Deutschland dürfe keinen Anreiz für verbrauchende Embryonenforschung liefern, so argumentiert sie. Ungesagt bedeutet das: Eine Verschiebung des Stichtages sei vertretbar, weil er keine Anreizwirkung enthalte. „Ich habe mich nach langem Überlegen entschieden, der Argumentation von Annette Schavan zu folgen.“ Die Naturwissenschaftlerin Merkel hat nicht so schwerwiegende ethische Probleme mit dieser Frage, doch auch sie will ihre Entscheidung als eine moralische verstanden wissen. Wo genau die Schneise zu schlagen war zwischen Moral und Machbarkeit, das zu bestimmen, dafür hat sie ihre katholische Freundin, Theologin und Ministerin Schavan. Merkel hat früh erkannt,

eine Liberalisierung der Stammzellforschung ist mit der noch immer katholisch geprägten CDU nur machbar, wenn die Katholikin Schavan sie begründet. Schavan sagt, es sei die schwierigste Entscheidung in ihrem politischen Leben gewesen. Sie hat auf dem Parteitag unmittelbar vor Merkel gesprochen und sehr persönlich ihren Spagat zwischen der Forschungsfreiheit und den Grenzen der Forschung begründet. „Ich rede hier auch als jemand, der mit Blick auf seine Her-

Annette Schavan und Angela Merkel verbindet auch eine persönliche Freundschaft. Die katholische Theologin Schavan sitzt als Bundesforschungsministerin im Kabinett der Bundeskanzlerin.

kunft als katholische Theologin keine gespaltene Persönlichkeit hat, sondern davon überzeugt ist, dass ich beides, meine Überzeugung als katholische Theologin und meine Verantwortung als Forschungsministerin, zusammenbringen kann." Merkels Intervention im Anschluss ist vor allem die Rückendeckung für ihre Ministerin. Es gibt Leute im Präsidium der Partei, die sagen, die Diskussion um die Stammzellforschung zeige, dass Merkel nichts von Kirche und Theologie verstehe, dass sie schlicht ungeschickt agiert habe, ohne Rücksicht auf Empfindlichkeiten und ohne ein Sensorium auch für die Partei. Sicher ist ihre Nähe zu den Naturwissenschaften auch der Grund, warum sie für dieses Themenfeld ein besonderes Interesse hat. Sicher schmerzt es auch viele überzeugte katholische wie evangelische Christen, dass schließlich keine Mehrheit auf dem Parteitag gegen eine Verschiebung und für mehr Lebensschutz zustande kam. Doch ob die Stammzellfrage zum Beleg von Merkels religiöser Abstinenz taugt, ist fraglich.

Es ist eine übliche Verengung in Deutschland, Christlichkeit und Kirchlichkeit an bestimmten inhaltlichen Positionen festzumachen. So lässt sich die kirchenpolitische Grundhaltung von Angela Merkel umschreiben, auch wenn sie diese so offensiv nicht ausspricht. Sie sagte einmal gegenüber evangelischen Christen, was helfe das ganze gesellschaftspolitische Engagement, wenn der Glaube und die Glaubenspraxis dabei verloren ginge. „Ich gehöre nicht zu denen, die sicher zu glauben wissen, was ‚christliche Politik' ist."[2] Die Bibel bietet kein politisches Programm, so lautet die Standard-Formulierung, die die Union dazu parat hat. Der Vorwurf unter anderem der Kirchen, der dem entgegensteht, ist der der Beliebigkeit. „Christlich" werde dann zu einer Schönwetter-Floskel, so könnte man die Sorgen umschreiben. Doch diese Beliebigkeit gilt es im gewissen Sinne nach Merkels Meinung wohl auszuhalten. „Die Berufung auf Gott ist kein Freibrief", sagt Angela Merkel in einem Gespräch mit Blick unter anderem auf George W. Bush. „Sie kann ein Kraftquell sein, aber sie entscheidet nicht darüber, ob die eine oder andere Auffassung die richtige ist."[3] Wer nicht an Gott glaubt, kann auch zu guter Politik fähig sein. Und wer an Gott glaubt, kann falsch liegen, sogar unmenschlich handeln.

Es gibt einige Gründe, warum Angela Merkel zurückhaltend mit öffentlichen Bekenntnissen umgeht, mit einer Indienstnahme des Glaubens für politische Entscheidungen und auch mit einem direkten Bezug zu kirchlichen, das heißt kirchenamtlichen Positionen. „Ich gehe vorsichtig damit um, mag es nicht, wenn es aufgesetzt daherkommt"[4], so beschreibt sie selbst ihre Haltung. Eine wesentliche Ursache für diese Zurückhaltung ist ihre biografische Erfahrung der DDR-Realität. Es ist die kulturelle Differenz zwischen christlich-politischer Ost-und West-Biografie. Ein weiterer Grund ist aber auch die säkularisierte gesellschaftliche Situation, die Angela Merkel nach der Wiedervereinigung auch im Westen kennengelernt hat. Keineswegs kommt sie in ein Gemeinwesen oder einen Politikbetrieb, in dem das religiöse Bekenntnis noch eine flächendeckende Selbstverständlichkeit wäre und kirchliche Positionen generell Mehrheitsmeinungen abbilden würden. Auch nicht mehr in der Union. Angela Merkel muss sich da gar nicht mehr sonderlich anpassen, das wäre in den 1960er Jahren anders gewesen, nicht aber in den 1990ern.

Aus ihrer Heimatstadt Templin wird berichtet, dass viele Menschen sich nach 1990 aus der Kirche abmelden wollten, obwohl sie gar nicht Mitglied waren. Es herrschte die irrige Vorstellung, in der Kohl-Republik seien jetzt irgendwie alle kirchlich-christlich. Das Gegenteil war eher der Fall, der Westen war durchaus schon stark säkularisiert, selbst in den Kerngebieten des Katholizismus bröckelte die Bindekraft schon in den 1980er Jahren. Zumindest aber war die Identität von kirchlichen Positionen und Volksmeinung – regional unterschiedlich – längst gebrochen. Das gilt für die evangelische Kirche natürlich in anderer Weise als für die katholische. Stichworte sind dazu: die Pillen-Diskussion in den 1960er Jahren, auch die Friedens- und Umweltbewegung und die „68er", aber auch die interne Kirchenkritik, die sich an Debatten um die Frauenordination oder den Zölibat immer wieder festmachte. In der Abtreibungsfrage ist die ostdeutsche Merkel längst nicht die Erste in der Union, die liberalere Positionen vertrat.

Der Streit der Kirchen mit der Union um das „C“ ist so alt wie die Partei selbst. Allenfalls der Ton hat sich verändert und auch die Machtverteilung bei den Diskussionspartnern. Die Kirchen haben inzwischen die schwächere Position, verglichen mit den 1950er und 1960er Jahren. So nimmt Angela Merkel also mit ihrer Art der Privatisierung des Religiösen einen gesellschaftlichen Trend auf, den die als „Berufs-Christen“ geschmähten engagierten Katholiken und Protestanten im politischen Betrieb in der alten Bundesrepublik aufzuhalten versuchen. Doch eigentlich ist sie möglicherweise mit ihrer Haltung wegweisend, denn die alten Verknüpfungen von Glaube und Politik funktionieren offenbar nicht mehr so gut. Die sogenannte „Rückkehr des Religiösen“ zur Jahrtausendwende ist dann auch keine Rückkehr kirchlicher Moralvorstellungen oder einer politischen Kirchlichkeit. Vielmehr jubeln die Jugendlichen dem Papst zu, auch wenn sie nachweislich dessen Positionen in bestimmten Fragen nicht teilen. Junge Männer und Frauen legen einen ganz anderen Schwerpunkt, sind mehr auf eigener religiöser Suche, etwa bei neuen geistlichen Gemeinschaften oder evangelikalen Gruppen. In diese Individualisierung und Pluralisierung des Glaubens konnte sich die Neupolitikerin aus dem Osten wohl einsortieren mit „unkatholischem“ Lebenslauf und protestantischem Elternhaus.

„Sie brennt doch nicht für das, wofür wir in die Politik gegangen sind“, sagt einer ihrer unionsinternen Kritiker. Gemeint ist auch die politische Sozialisation vieler Unions-Politiker in katholischen Jugendverbänden, im sogenannten vorpolitischen Raum. Die „Generation Messdiener“ zog in den 1970er und 1980er Jahren für die CDU in die Parlamente und übernahm später teilweise Regierungsverantwortung, siehe Rüttgers, Koch und Wulff. Für sie ist die CDU eine Familie, Angela

Merkel jemand, der nicht dazugehört, der auch nichts von einem Familiengefühl in einer Partei hält. „Stallgeruch" vermissen einige bei „Angela" eben. „Stallgeruch" ist die Metapher für die emotionale Vertrautheit, die der Quereinsteigerin und Aufsteigerin fehle. Meisner macht es an Position und Profil fest, viele in der Partei eher am Gefühlten.
Eine mangelnde christliche Grundtönung hat sie ja eben deswegen nicht. Das wird oft übersehen. Als Pfarrerstochter und mehr noch als Tochter von Pastor Horst Kasner ist sie einem evangelischen Mistbeet entwachsen wie kaum ein zweiter Spitzenpolitiker. Templin war in den 1960er Jahren – trotz DDR-Repression – noch evangelisch geprägt. Ein Großteil ihrer Klassenkameraden in der Goetheschule ging, zumindest in den ersten Jahren, in die sogenannte Christenlehre. Das war noch keine Minderheitenveranstaltung, wie manche Biografen suggerieren. Sicher war kein Kanzler vor ihr theologisch derart vorgebildet wie Angela Merkel. Im Predigerseminar ihres Vaters waren protestantische Geistesgrößen aus Ost und West zu Gast. Da ging es um den „dritten Weg", einen Sozialismus mit menschlichem Antlitz, aber auch um die katholische Befreiungstheologie Lateinamerikas und kirchenpolitische Fragen in Deutschland oder den Umgang mit der deutschen Geschichte.
Die entsprechenden Gespräche am heimischen Küchentisch sind die intellektuelle Muttermilch der heutigen Kanzlerin. Gewiss, die elterliche Prägung ist nicht alles. Aber mit ihren Wurzeln im Templiner Waldhof, mit einem Vater, den nahezu jeder brandenburgische Pfarrer aus seiner Ausbildung oder von Seminaren her kannte, mit einem Bischof Albrecht Schönherr, den der Vater anrief, um den töchterlichen Rauswurf von der Schule zu verhindern, kann man nicht von mangelndem Stallgeruch sprechen. Es war nur eben ein evangelischer Stall, in der DDR noch dazu, preußisch, kulturprotestantisch – so gar nicht katholisch.

Als Lothar de Maizière sie 1990 auf Vorschlag von Hans-Christian Maaß, einem Berater aus dem Westen, zur stellvertretenden Regierungssprecherin machte, kannte er sie zwar nicht persönlich. Doch war ihm ihre Herkunft und Familie vertrauter, als es auf den ersten Blick scheint. Von 1986 bis 1990 war de Maizière Vizepräses der Synode des Bundes der Evangelischen Kirchen in der DDR. Mit dem Vater, der immer wieder als „graue Eminenz“ seiner Kirche beschrieben wird, stand er folglich in Kontakt. Angela Merkel war ihm kein unbeschriebenes Blatt, aus dem Nichts erschienen. „Ich wusste ja, aus welcher Kiste sie kam.“ Den entscheidenden Einstieg ins politische Berufsleben erhielt Angela Merkel nach der Wende also (auch) als Pastorentochter. Es war ein evangelisches Netzwerk, das ihr half. Ihrer „Glaubwürdigkeit und Zuverlässigkeit“ konnte sich de Maizière sicher sein aufgrund eben des christlichen Elternhauses, stellt Biografin Jacqueline Boysen fest.

Auf die Frage, was Gott der Politikerin Merkel bedeute, antwortet sie 2004 gegenüber dem Journalisten Hugo Müller-Vogg: „Die Perspektive, dass es Gott gibt, vermittelt mir ein hohes Maß an Demut. Eine Demut, mit der ich sehr gut leben kann: sich nicht nur im Zentrum sehen, andere gelten lassen, sich bewusst sein, dass man Fehler hat und Fehler macht.“ Und dann fügt sie den Satz an: „Aber zwischen Glaube und Politik besteht natürlich ein Spannungsverhältnis.“ Als Beispiel gibt sie im Jahr 2003 den Irak-Krieg an, bei dem sie vorsichtig die Linie des amerikanischen Präsidenten verteidigt hat. „Dann weiß ich, dass Glaube nicht nur eine Privatangelegenheit ist.“[5] Es schwingt mit, dass es ihr durchaus schwerfällt, das einzusehen. „Ich muss als Parteivorsitzende in einer solchen Lage schon formulieren, warum ich meine Haltung auch unter Aspekten des Glaubens für verantwortbar halte.“[6] In diesem Sinne würde sie das Etikett „christliche Kanzlerin“ sicher zurückweisen. Denn so ein Anspruch verbietet sich gerade aus

ihrem Glaubensverständnis heraus, so könnte man formulieren. Er wäre anmaßend.
Inwieweit ist das Religiöse privat, gehört der Glaube auch in die Öffentlichkeit oder nicht? Das ist der Kern, der sich hinter der Frage nach der christlichen Kanzlerin verbirgt. Inwieweit bestimmt das Bekenntnis das politische Handeln, und wie weit ist diese Verbindung sichtbar. Für Angela Merkel sollte, so könnte man sagen, diese Brücke möglichst wenig sichtbar sein. Denn dann wird der Glaube verzweckt, funktionalisiert. Dieses Verständnis ist ein Bruch mit der politischen Kultur der Kohl-Ära. Der „Bundeskanzler der 16 Jahre" ist katholisch erzogen und kirchlich gebunden. Er war nicht aufgesetzt, sondern selbstverständlich religiös, die Kirchen waren ihm wichtig. Er musste Kompromisse schmieden. Die kirchlichen Positionen wollten einbezogen werden – als kirchliche Positionen. Kohl setzt sich für Karl Lehmann ein, dass der Mainzer Bischof die Kardinalswürde erhält. Der Kanzler tat das für seinen Duzfreund Lehmann. Er setzt sich aber auch ein, weil er meint, Deutschland stünde ein fünfter Kardinalshut zu.
Das liegt Angela Merkel eher fern. Ihr ist an guten Beziehungen gelegen. Mit Kardinal Lehmann, dem langjährigen Vorsitzenden der Deutschen Bischofskonferenz, verstand sie sich so gut, dass beide auch bis in die Nacht hinein im Kanzleramt oder der Parteizentrale beim Wein zusammensaßen. Doch allzu häufig kam es dazu nicht. Sie habe ihn als Ratgeber wohl geschätzt, heißt es. Es gibt einen guten und sachlichen offiziellen Austausch sowie regelmäßige Begegnungen zwischen dem Episkopat und der Regierung. Kumpanei aber ist Angela Merkel zuwider, das gilt sogar für wirklich Freunde, erst recht für solche, die ihr taktisch nützlich sein könnten. Das schließt Kumpanei mit den Kirchen ein. Ob das ein ehrenvoller Charakterzug oder ein anstrengender ist, darüber wird gestritten. Ein prominenter CDU-Landespolitiker sagte einmal über sie: „Mein größtes Problem ist, dass sie mit mir nicht mal ein Bier

trinken geht." Diese eingeübten Formen, in denen im alten Westen – vor allem auch unter Männern – Politik gemacht wurde, durchbricht sie an einigen Stellen. Dass sie nicht gesellig wäre, behaupten inzwischen allerdings nur noch wenige.

Die Formel, die die CDU gefunden hat, um das „C" politisch handhabbar zu machen, ohne sich zu sehr von Bibel und Dogmen bestimmen lassen zu müssen und ohne es auf ihrem Weg der Pluralisierung und Modernisierung völlig aufzugeben, ist die des „christlichen Menschenbildes". Ein Begriff, der so hilfreich ist wie trügerisch. Denn selbstverständlich beteuert die Union, dass man zu den Grundsätzen des christlichen Menschenbildes auch stehen kann, ohne gläubig zu sein. Man kann sie sogar auch herleiten aus anderen Glaubensrichtungen oder Weltanschauungen. Im Szene-Bezirk Prenzlauer Berg – dort kam die CDU bei der Bundestagswahl 2005 nur auf 11,3 Prozent – fühlen sich mittlerweile einige junge Muslime zum CDU-Ortsverein hingezogen. Die Union sei die einzige Partei, die die Familie und Religion hochhalte und gleichzeitig für wirtschaftliche Freiheit stehe, sagen die Mitglieder dort. Viele der Jungen studieren Jura oder Wirtschaftswissenschaften, die Älteren betreiben kleine Gaststätten. Und bei den Mitgliederversammlungen wird mehrheitlich Mango-Lassi getrunken statt Bier. Das ist ein kleiner Teil der neuen CDU der Angela Merkel.

Was aber bleibt von einer Union, die im Herzen nicht mehr so katholisch ist – noch nicht mal in den großen Kernfragen. „Die Union war einst trotz ihres ökumenischen Charakters vor allem die Partei der katholischen Christen und hat sich auch selbst so verstanden", erklärt Hermann Kues, Staatssekretär im Bundesfamilienministerium und langjähriger Kirchenbeauftragter der Unions-Fraktion im Bundestag. Unter Helmut Kohl wurden noch alle Abteilungsleiter im Kanzleramt katholisch besetzt. Und vor allem: Er konnte das auch, weil aus dem vorpolitisch katholisch-kirchlichen Raum entsprechend politisierter Nachschub kam. Die Messdiener-Junge-Union-Partei-Sozialisation funktionierte noch. Diese Selbstverständlichkeiten sind dahin, die Säkularisierung der Union begann schon unter Kohl. Aber auf der anderen Seite verändert sich auch die katholische Kirche massiv. Man könnte sagen, sie ist auch nicht mehr so „katholisch“ wie früher. Innerkirchlich ist die Pluralisierung de facto schon mindestens so weit fortgeschritten wie in der Union. Die im Katechismus festgeschriebene Position zur Homosexualität zu vertreten, sei politisch äußerst schwierig, räumte kürzlich sogar ein hoher kirchlicher Würdenträger gegenüber Parlamentariern in Berlin ein. Weder die katholischen Abgeordneten noch das Kirchenvolk sind als Milieu noch so stark und einheitlich, dass sich daraus ein Programm ableiten ließe. Das bedeutet, dass die politische Umsetzung einer irgendwie festlegbaren katholischen Lehre weder möglich noch gewollt ist. Um ihre Relevanz im politischen Geschäft zu behaupten, besetzt die Kirche als Institution deswegen ausgewählte Themen wie etwa die Stammzellforschung. Doch schon lange nicht mehr vertritt sie damit unbedingt die Mehrheit ihrer Mitglieder. Immer weniger politisches Personal rekrutiert sich aus dem kirchlichen Umfeld, eine Krise des kirchlichen Engagements steht dahinter, auch eine Formschwäche des einst mächtigen politischen Katholizismus insgesamt.

Die protestantische Kanzlerin und große Teile der Unions-Mitgliedschaft haben mit einer katholischen Lehre ohnehin direkt nichts zu schaffen. In der Gesellschaft stellen die Evangelischen seit der Wiedervereinigung knapp die Hälfte aller Christen, auch in der Union treten sie stärker hervor. Im Präsidium der Partei ist der katholische Vorsprung nur noch sehr knapp, das war früher einmal anders. Wichtige Führungspositionen sind mit engagierten evangelischen Christen besetzt: Volker Kauder, der Fraktionschef, ist ein sozial-aktiver Protestant, der Kanzleramtschef Thomas de Maizière ist Präsidiumsmitglied des Deutschen Evangelischen Kirchentages, Bundesinnenminister Wolfgang Schäuble, in diesem Amt auch „Kirchenminister“, sitzt im Vorstand des Diakonischen Werks in Baden. Der neue Staatsminister im Bundeskanzleramt, Hermann Gröhe, ist Ratsmitglied der Evangelischen Kirche in Deutschland (EKD) und Herausgeber des evangelischen Monatsmagazins „Chrismon“.

Es gibt Nebenkriegsschauplätze: Eine Frontlinie heißt beispielsweise, gleichgeschlechtliche Paare dürfen keine Kinder adoptieren. Da zieht die Kanzlerin auch mit der katholischen Kirche an einen Strang. Doch sicher haben solche neuen Bastionen keine bindende Kraft. In der deutschen katholischen Kirche scheinen inzwischen die politischen Sympathien breiter verteilt zu sein. Sie fliegen den Grünen zu, wegen der neuen Nachdenklichkeit in der Bioethik, wegen Umwelt- und Entwicklungsfragen. Auch wegen der kritischen Zustimmung zu Militäreinsätzen. Doch es gibt – vom Militärbischof bis zur katholischen Friedensbewegung Pax Christi – auch andere Annäherungen in alle Richtungen. Für die Partei mit dem „C“ im Namen und ihre Vorsitzende bleibt da sowieso nur der eigene Weg.

Ob das „christliche Menschenbild“ reicht, auf Dauer das „C“ mit Leben zu füllen, steht infrage. Denn schließlich kann man damit letztlich den Freien Markt genauso bejubeln wie Verstaatlichungen in Zeiten der Krise. Das Menschenbild ist die eine Seite der Medaille, wie sieht es mit der anderen, dem persönlichen Bekenntnis aus? Der Glaube an den christlichen Gott, ganz ohne direkte politische Funktionalisierung, gehört er noch zum Repertoire eines Politikers? Soll er das? Diese Sichtbarkeit des persönlichen Bekenntnisses, die scheut Angela Merkel auch aus Angst, in den alten Mustern der Verzweckung zu landen. Sie hielt in den 1990er Jahren den traditionellen Gottesdienst vor Beginn der Parteitage für befremdlich, Gottesdienste seien etwas Privates, so war ihre ursprüngliche

Einstellung, als sie zur CDU kam. Das gibt sie offen zu. „Heute sehe ich das anders“, sagt sie im Bezug auf den Gottesdienst beim Auftakt eines Parteitags. „Eine solche Stunde hilft auch, das Wichtige vom Unwichtigen zu trennen.“[7]
Ein Mitglied der Grundsatzprogramm-Kommission der CDU beklagt in einem Gespräch, dass bei einer Wochenendklausur für den Sonntagvormittag im Programm kein Gottesdienstbesuch eingeplant war. Dass aber dann – außer zweier oder dreier älterer Mitglieder – auch keiner überhaupt an einen Kirchgang dachte, das erschrecke ihn zutiefst. Merkel gehört zu denen, die nicht daran denken, sie ist da nicht anders als viele in der Partei. Hermann Kues wirbt seit Langem bei der Kanzlerin um diese Sichtbarkeit des Glaubens. „Ich würde mir wünschen, dass ihre christliche Prägung häufiger von außen wahrnehmbar ist.“[8] Kein Zweifel, sie sei überzeugte Christin, es bleibe natürlich ihre persönliche Entscheidung, wie sie damit umgehe, beteuert er. Auch stehe ihre Politik gewiss auf dem „Boden der christlichen Sozialethik“. Nur eben der Bogen zum Glauben, zur Kirche, der fehle. Dieser sei gerade angesichts schwindender „Selbstverständlichkeiten“ so wichtig.
Den christlichen Vorturner will sie nicht geben. Sie wohnt unweit des Berliner Doms, doch ihr alter Weggefährte, Domprediger Friedrich-Wilhelm Hünerbein, hat sie dort, außer bei Staatsanlässen, noch nie gesehen, so tat er es im Magazin „Stern“ kund. Die Familie von Bundespräsident Horst Köhler engagiert sich hingegen in einer evangelischen Gemeinde in Berlin-Zehlendorf, NRW-Ministerpräsident Jürgen Rüttgers, als anderes Beispiel, sitzt jeden Sonntag mit seiner Familie in seiner Kirche in Pulheim westlich von Köln vorne in der ersten Reihe. Bei Merkel: Fehlanzeige. In der Nähe ihres Ferienhauses in der Uckermark sei sie häufiger in einer Kapelle gesichtet worden, heißt es. In einem Interview sagte sie einmal, sie bete „fast jeden Tag“. Spekulationen über ihren per-

sönlichen Glauben verbieten sich. Zur Schau trägt sie ihn nicht. Sie will vor allem die Gefahr eindämmen, den Schatz des Glaubens durch die Politik vereinnahmen zu lassen. Denn das kennt sie zu Genüge. Deswegen dosiert sie ihre Signale, so könnte man es freundlich formulieren.
Als sie auf dem Katholikentag im Mai 2008 das Zelt der norddeutschen Bistümer betritt, jubeln die nach Osnabrück gereisten Gläubigen genauso wie später die Jugendlichen vor der Domschule. Hamburgs Erzbischof Werner Thissen will nach den kurzen Grußworten seinen Gast überraschen. Er stimmt ein Kirchenlied an, damit die Begegnung nicht nur nach Volksfest und Prominentenbeklatschen schmeckt. Doch mehr überrascht dürfte der Hamburger Oberhirte und Metropolit wohl selbst gewesen sein. Denn Frau Bundeskanzlerin singt lauthals mit. Das steht nicht im Protokoll. „Lobet und preiset ihr Völker den Herrn …“ Das allein macht noch keine christliche Kanzlerin, gewiss nicht. Aber es steckt mehr in ihr als nur die „Physikerin der Macht“.

Pfarrerstochter auf dem Bauernhof – Möhren und Alpenveilchen

Wie man mit Wurzelwerk umgeht, das lernt Angela Merkel früh. Ihr Lehrmeister ist der Gärtner des Waldhofs, dort am Rande von Templin in der Uckermark wächst die gebürtige Hamburgerin auf. Es ist ein Hof im wahren Sinne des Wortes, ein großer landwirtschaftlicher Betrieb, auf dem gepflanzt und geerntet wird, gefüttert und geschlachtet. Die heutige Bundeskanzlerin erlebt eine Kindheit und Jugend nicht nur sehr naturnah und naturverbunden, wie schon oft geschrieben wurde, sondern direkt auf einer Art Bauernhof. Sie selbst hat diese persönliche „Wurzel" immer betont, wenn man überhaupt sagen kann, dass sie persönliche Dinge mit Betonung kundtut. Der Waldhof war und ist ein von der evangelischen Stephanus-Stiftung betriebenes Behindertenheim mit Wohnungen und Werkstätten. In den 1960er Jahren der DDR war der landwirtschaftliche Charakter noch deutlicher zu sehen, der eben auch der Selbstversorgung der Bewohner dieser ungewöhnlichen Insel im sozialistischen Meer diente. Ein ehemaliger Schulkamerad, Sohn des Pfarrers von Templin, erinnert sich an frisch geschlachtete Schweinehälften, die noch dampfend auf dem Hof hingen.

Angela Dorothea Kasner, später verheiratete Merkel, wird am 17. Juli 1954 in Hamburg als erste Tochter der Lehrerin Herlind Kasner, geborene Jentzsch, und des Theologiestudenten Horst Kasner geboren. Auf dem Waldhof bei Templin leitete Vater Kasner ab 1957 das Pastoralkolleg, eine Fortbildungseinrichtung für evangelische Theologen, zudem ein besonderer Ort der Evangelischen Kirche in der DDR. Dort im Haus von Kasners gab es

Bücher, die es weder zu kaufen gab noch waren sie alle erlaubt. Wegen einer Schrift von Andrei Sacharow beschäftigte sich unter anderem die Staatssicherheit mit dem ungewöhnlichen evangelischen Theologen. Sacharow war für die kritischen Kreise der DDR eine wichtige Figur, da er sich sozusagen vom kommunistischen Saulus zum regimefeindlichen Paulus gewandelt hatte. Im Pastoralkolleg waren bekannte Persönlichkeiten der evangelischen Kirche zu Gast, und auch prominente Theologen aus dem Westen reisten an. Wer über die Wurzeln von Angela Merkel spricht, muss zunächst diese drei Erfahrungsbereiche in den Blick nehmen: das evangelische „Pfarrhaus“, in dem sie aufwuchs, die Erfahrungen im Umgang mit Behinderten und die

Beim Zelten: Nach dem Abitur unternimmt Angela Kasner im Juli 1973 mit Freunden eine Camping-Tour ins brandenburgische Himmelpfort. Das gemeinsame Essen wird auf offenem Feuer zubereitet.

Liebe zur Landwirtschaft, zu Garten und Natur. Das alles steht zunächst noch vor dem Leben in der DDR als Diktatur – wenngleich das gewiss schwer strikt zu trennen ist.
Beim evangelischen Kirchentag 1995 spricht die Umweltministerin aus dem Kabinett von Helmut Kohl über „persönliche Vorbilder". Heute wäre so ein Vortrag kaum mehr denkbar; zu sehr hat sie sich inzwischen zurückgezogen und schützt sich vor allzu privaten Einblicken. Damals berichtet sie: Ihr erstes Vorbild war ein Gärtner des Waldhofs. Er war nicht nur einfach ein Gärtner, Angela Merkel beschreibt diese Person als ganz besonderen Menschen. Er war ihr früher Lehrmeister – nicht nur im „Pikieren der Pflanzen", das heißt im Beschneiden des Wurzelwerks und im Umtopfen. Er ist ihr Vorbild, was den Umgang mit Zeit angeht, mit Menschen und mit Pflichten und Regeln. Es ist eine eindrückliche Passage, in der sie 35 Jahre später in Hamburg ihn vorstellt:
„Dieser Gärtner, ein stämmiger, älterer Mann, hat mir ein großes Grundvertrauen, eine große Ruhe eingeflößt. Er hatte immer Zeit, was ich am schönsten fand, denn meine Mutter hatte nicht immer Zeit, mein Vater schon gar nicht. Aber dieser Mann, der eigentlich viel Arbeit hatte, fand trotzdem Zeit für mich. So konnte man von ihm allerhand über das praktische Leben erfahren. Beispielsweise habe ich gelernt, wie man Blumenpflanzen pikiert oder wann die Alpenveilchen gut sind. Ich habe von ihm gelernt, mit den geistig Behinderten zu sprechen. Es war eine unglaublich warme, vertrauensvolle, gute Atmosphäre, in der ich schmutzige Möhren essen durfte, in der ich faul sein durfte, in der ich sogar einmal einen Schluck schwarzen Tee bekommen habe. Es war gut."[9]
Politikerreden sind immer mit Vorsicht zu genießen. Zum einen, weil sie zumeist einen Zweck erfüllen sollen, das Gesagte steht also nicht für sich allein. Zum anderen sind diese Reden häufig nicht von demjenigen verfasst, der sie auch vorträgt. Und dennoch lässt sich auch bei solchen Texten immer

wieder die wahre Person dahinter entdecken. Diese Rede auf dem Hamburger Kirchentag ist so persönlich, dass sie kaum von einem anderen geschrieben worden sein kann. Und sie ist in Teilen so entwaffnend, dass sie auch nicht nur als belanglose Anekdote abzutun ist. Viele westdeutsche Politiker haben solche und ähnliche Äußerungen der jungen Politikerin aus dem Osten in den ersten Jahren nach der Wende angekreidet. Sie seien unprofessionell und unüblich. Andere haben nur gelacht. Von ihr sei keine Karriere zu erwarten. Sie selbst, diejenige, die heute manchmal als „kalt" beschrieben wird, hat damaligen Mitstreitern, wie etwa ihrem Förderer Lothar de Maizière, vom „Frösteln" in Bonn berichtet. Ihre Offenheit wurde mit Ablehnung bestraft, darin liegt ein Grund dafür, warum sie heute verschlossener erscheint als alle anderen Spitzenpolitiker. Dies gilt für persönliche und private Dinge, aber auch und besonders für religiöse Fragen und Glaubenssachen.

„Dieser Mann hat bei mir das Gefühl der Verbundenheit zur Erde, zum Boden, zur Natur geweckt. Ich spüre auch heute selber, wie wichtig Zeit ist – neben allen anderen Gütern, die man hat –, manchmal habe ich sie leider nicht. Ich habe mich viele Jahre an den Mann nicht erinnert, aber in letzter Zeit fällt er mir wieder immer öfter ein."[10]

Es gehört wenig dazu, in dieser Figur eine Art zweiten Vater zu erkennen, eine Art Gegenbild zu Horst Kasner. Der Vater, der Theologe und Kirchenpolitiker, der strenge Protestant und disziplinierte Preuße, gehört natürlich auch zu ihren Vorbildern. Manche sehen in ihm die zentrale Figur zum Verständnis der heutigen Bundeskanzlerin. Seinetwegen und wegen seiner beruflichen Entscheidung wuchs Angela Merkel in der atheistischen DDR auf, seine Haltung zum SED-Staat prägte ihr Leben, das zwischen Abgrenzung und Anpassung zu beschreiben ist. Zunächst aber hing die Tochter an ihrem Vater, wie sie immer wieder berichtet hat. „Er hat immer viel gearbeitet. Arbeit und Freizeit flossen bei ihm zusammen, und manchmal hat er sich mit der Arbeit vielleicht auch von den Familienpflichten ferngehalten. Er ist emsig und sehr gründlich. Leider. Als Kind war es nicht einfach, wenn alles immer ordentlich und perfekt sein musste. Er kann auf Menschen zugehen und mit ihnen gut ins Gespräch kommen."[11] Doch für die Tochter ist die Mischung aus Strenge und Weltläufigkeit als Kind auch eine unangenehme Erfahrung. „Was mich als Kind manchmal fuchsig gemacht hat, war seine Art, verständnisvoll gegenüber jedermann zu sein. Aber wenn wir selbst etwas verbockt hatten, reagierte er völlig anders."[12] Er sagt sogar von sich selbst im Nachhinein, er sei zu streng gewesen mit seinen Kindern.

Der Garten des Waldhofs und der Gärtner waren Fluchtmöglichkeiten aus der Welt des Vaters, die immer auch mit Kampf und Disziplin zu tun hatte, mit Politik und Theologie, mit Ansprüchen und Anfeindungen. Später wird Angela die beste Schülerin ihrer Schule sein, Gewinnerin von Mathe- und Russisch-Olympiaden, dennoch als Tochter des „Pfarrers" auch „immer Außenseiterin"[13]. „Ihr müsst besser sein als alle anderen, sonst lassen sie euch niemals studieren"[14], mit diesem Satz soll Mutter Kasner ihre Kinder morgens losgeschickt haben in die feindliche Umgebung außerhalb der Waldhof-Insel. Doch das Kasnersche Elternhaus muss man sich wohl auch jenseits der Politik als bürgerlich und streng vorzustellen haben. Da gab es keine „schmutzigen Möhren" und „Faulsein" schon gar nicht. Der Umgang mit den Behinderten kam hinzu und bildete das Gegenbild zu den Ansprüchen der Eltern. Das Zusammentreffen mit den behinderten Bewohnern des Waldhofs sei für sie normal gewesen, berichtet Angela Merkel. Sie lernt Fröhlichkeit und erfährt, dass diese nicht an Gesundheit oder Erfolg gekoppelt ist, so beschreibt sie es. Sie lernt aber auch das Füreinander-Einstehen.

„Da war ein Mann aus dem Heim, der immer die Kohlen gebracht hat und viel in unserem Garten geholfen hat. Ich weiß noch – er war sehr nett, aber er wollte unbedingt ein

Leutnant sein. Und wenn er ihn der Stadt war, hat er immer versucht, so zu tun, als sei er wirklich einer. Die Leute haben ihn dann ausgelacht, und wir mussten ihn ein bisschen in Schutz nehmen, damit er sich nicht lächerlich machte."[15]

Angela Merkel ist in ganz verschiedenen Wirklichkeiten aufgewachsen, das Jonglieren mit variablen Lebensnischen hat sie von klein auf gelernt. Das beherrscht sie. Dem Ideologisierungs-Apparat der Außenwelt zu widerstehen, das wollte gelernt sein. Deswegen brachte der Vater ihr und ihren Geschwistern eine besonders scharfe Rationalität bei. Logisches Denken und Argumentieren als Gegengift zu Propaganda und Parteilügen. Das beschreibt sie immer wieder als das wichtigste Merkmal ihres Elternhauses. „Mein Vater hat auf die logische Strenge Wert gelegt, auf die Klarheit der Argumente", berichtet sie über ihre Kindheit. „Den Unterschied zwischen einer Erörterung und einer Erzählung" habe sie nicht in der Schule, sondern bei ihrem Vater gelernt[16], gibt sie als Beispiel an. Dieser Rationalismus ist bei ihr lebendig bis heute, und er steht von Anfang an neben dem Glauben, vielleicht auch im Widerstreit mit ihm, nicht prinzipiell gegen ihn.

Oft wird Angela Merkel als die Naturwissenschaftlerin beschrieben. Die Physikerin an der Macht sei die treffendste Beschreibung ihres Charakters, heißt es. Das verkennt, dass die nüchterne und strukturierte Herangehensweise bei ihr gerade aus dem Pfarrhaus erwachsen ist und nicht nur aus dem späteren Studium. Theologie wollte sie nicht studieren, das hat sie immer wieder betont. Das wäre unter den Bedingungen der DDR noch möglich gewesen, mit den Freiheiten der Kirche. Lehrerin zu werden hingegen, wie es ihre Mutter war, das wird ihr unter den gegebenen Verhältnissen kaum als machbar erschienen sein. Dass sie sich aber gleichwohl hätte vorstellen können, Lehrerin zu werden, hat sie durchblicken lassen. Die Physik war demnach nicht ihre angeborene große Leidenschaft. Es war sogar ein gewisser Trotz dabei, denn in der Schule liebte sie das Fach nicht sonderlich. Vielmehr waren die Naturwissenschaften eine willkommene Nische für kritische Geister in der Diktatur. Das Rüstzeug hatte ihr der Vater, der Theologe, mitgegeben. Sie selbst meint, die sehr logische und rationale Herangehensweise an die Dinge sei „für ein Pfarrhaus eher untypisch"[17] gewesen. Doch möglicherweise ist das für die Situation in der DDR gerade nicht der Fall. Das Argument, der eigene Gedanke boten den besten Schutz gegen die Ideologie. So berichtet ein Weggefährte von ihr aus der späteren Berliner Zeit, der selbst aus evangelischem Pfarrhaus stammt und evangelischer Pfarrer geworden ist, das logische Denken sei gerade in Theologenhaushalten der DDR besonders kultiviert worden. „Sie wollten uns das austreiben, den klaren Blick auf die Wirklichkeit, deswegen haben meine Eltern versucht dagegenzuhalten."[18] Die evangelischen Pfarrhäuser waren ein Hort von Bürgerlichkeit, konservativer sicher als ihre westdeutschen Pendants, Träger des „Kulturprotestantismus"[19], wie Jacqueline Boysen es ausdrückt. Sie waren ein Ort der Bildung, die nicht staatlich organisiert war, ein Ort, an dem rationales und schnelles Denken zu Hause war. „Bei den Mathe-Olympiaden waren wir Pfarrerskinder unter uns", meint auch der Berliner Theologe, der Angela Merkel von einem Gesprächskreis im Prenzlauer Berg her kennt. Er selbst schaffte es bei dem landesweiten Mathe-Wettstreit allerdings nicht so weit wie Angela Merkel, die – amtlich bestätigt – zu den Besten der DDR gehörte. Lothar de Maizière bescheinigt ihr nach der Wende, als er sie persönlich kennengelernt hatte, als wichtige Qualifikation: „Sie verstand sich auf die Gesetze der formalen Logik, konnte notwendige Bedingungen für bestimmte Ursachen benennen."[20] Das sei allein schon in der aufgebrachten politischen Zeit 1990 keine Selbstverständlichkeit gewesen. Ihre Strenge sei durch und durch protestantisch, sagt der ehemalige Ministerpräsident im Rückblick.

Der Waldhof also bot beides: das naturnahe und warmherzige

Aufwachsen in einer Familie und einen Großbetrieb mit ganz unterschiedlichen Persönlichkeiten. Die strenge Schule eines preußisch-protestantischen Geistes, des Theologen und politischen Kopfes Horst Kasner. Zu Hause am Küchentisch sei fortwährend diskutiert worden, berichtet die Tochter. Die Mutter war vielleicht die Vermittlerin zwischen den Polen. Wie grausam die Welt sein kann, das aber lernt sie schon als Kind, wenn beispielsweise einige Spielkameraden nicht zu ihr durften. Wegen der „Bekloppten", wegen der Kirche oder wegen des Vaters.

Justus Schwer durfte kommen. Er war der Sohn des Ortspfarrers von Templin. Er teilte mit den Kasner-Kindern in mehrerer Hinsicht das Schicksal. Auch sein Vater war von Westen nach Osten gegangen, auch sein Vater Theologe, auch er teilweise ausgegrenzt in der realsozialistischen Welt wegen dieses vermeintlichen Makels. Aber sie teilten eben auch vieles Schöne, die Kindergottesdienste, die Christenlehre nach der Schule, die den Religionsunterricht ersetzte. Und das Spielen auf dem Waldhof. Schwer erinnert sich an das „Kinderparadies" mit den Tieren, dem vielen Platz – und der relativen Freiheit. „Es war unser Abenteuerspielplatz."[21]

Horst Kasner, Angela Merkels Vater, Jahrgang 1926, stammt aus Berlin-Pankow. Im Osten konnte er nicht Theologie studieren, deswegen zog er zunächst nach Heidelberg, dann nach Hamburg. „Er war in den Westen gegangen mit der festen Absicht wiederzukommen"[22], sagt die Tochter viele Jahre später gegenüber der Journalistin Evelyn Roll. Er habe sich seiner Landeskirche verpflichtet gefühlt, heißt es, im Osten herrschte ein Mangel an Pfarrern. Er war überzeugt, auch in der DDR müsse es Pastoren geben. „Dass ich in Hamburg geboren bin, verdanke ich meiner Mutter, die nicht sechs Wochen vor meiner Geburt umziehen wollte", ergänzt die Tochter.

1954 tritt der Theologe seine erste Stelle als Jugendpfarrer in

Pfarrer Horst Kasner, der Vater von Angela Merkel, war eine der prägenden Persönlichkeiten in der evangelischen Kirche Berlin-Brandenburgs zu Zeiten der DDR. Der Theologe, Jahrgang 1926, stammt aus Berlin-Pankow, er studierte in Heidelberg und Hamburg.

der brandenburgischen Prignitz an, in Quitzow bei Perleberg. Er zieht mit seiner Familie in den Osten zu einer Zeit, in der viele Hunderttausende, bis zum Bau der Mauer waren es über 2,7 Millionen, den umgekehrten Weg wählen und nach Westen flüchten. Unter evangelischen Theologen war dieser Weg allerdings keine Ausnahme. Es waren einige, die Pfarrstellen in der DDR annahmen. „Ich wäre auch nach Afrika gegangen, wenn man mich geschickt hätte“, beschreibt Horst Kasner die Entscheidung. Er sieht es als einen Dienst an der Kirche Jesu Christi, nicht als eine Entscheidung für den Sozialismus. Später schließt er sich dem Weißenseer Kreis an, der den Begriff von der „Kirche im Sozialismus“ für sich reklamiert, da gilt er als der „rote Kasner“, der die DDR-Staatlichkeit im gewissen Rahmen bejaht, wie es der Politikwissenschaftler Gerd Langguth beschreibt[23]. Doch zunächst war dieser Schritt nicht nur Idealismus, sondern auch persönlich naheliegend – trotz des Kirchenkampfs im Osten. Seine Kirche hatte ihn gerufen, Bischof Hans Otto Wölber aus Hamburg hatte ihn über die freien Stellen in seiner alten Heimat informiert. Auch gab es einen Aufruf der evangelischen Bischöfe, sich im Osten zu engagieren.

Angela Merkel ist zugezogene Ostdeutsche. In einem kleinen Ort wie Templin weiß man, woher die Leute kommen, ob aus der Kreisstadt, aus dem Nachbardorf – oder eben ganz aus der Fremde. So ist die Familie Kasner auch aus ganz anderen Gründen zunächst neu und anders in Templin – ganz abgesehen von der umgebenden Diktatur und der herrschenden Kirchenfeindlichkeit. Templin folgt auf Quitzow, nach dem Dorf eine stolze Stadt mit Stadtmauer und prächtiger Altstadt. Der Krieg hatte allerdings massive Zerstörungen hinterlassen. 1957 schickte der damalige Generalsuperintendent und spätere Bischof Albrecht Schönherr Horst Kasner auf den Waldhof, nahe vor der Stadtmauer Templins gelegen, um ihn dort eine Fortbildungsstätte für evangelische Pfarrer aufbauen zu lassen.

Es sollte Kasners Kolleg werden, ein Lebenswerk. Nach ihm, im wiedervereinigten Deutschland, wurde diese Bildungseinrichtung bald geschlossen. Nahezu jeder Brandenburger Theologe der damaligen Zeit kannte den Waldhof und verband ihn mit der Person Kasners, die mal als streitlustig, mal als anregend beschrieben wird. Wohl kaum einen ließ sie unberührt. Kasner war einer der intellektuellen Köpfe der Berlin-Brandenburgischen Kirche. Die Stasi soll versucht haben, ihn zu werben, wohl ohne Erfolg. Sicher ist, dass er sich mit dem Staat arrangiert hat, ihn in gewisser Weise als Realität anerkannt hat. „Er wollte, dass sich die Kirche an der Realität orientiert, um gleichsam nicht immer in der Fremde zu leben"[24], so sagt es seine Tochter.

Ein Pfarrer, der in den 1980er Jahren einmal im Jahr zum geistigen Auftanken im Waldhof zu Gast war, beschreibt im Gespräch die Konflikte mit Kasner und gleichzeitig den Nährboden dort, der wichtig gewesen sei, um sich auch in der DDR wachzuhalten. „Wir waren alle nicht gegen den Sozialismus", sagt er. Verändern wollten wir ihn, erinnert er sich. Doch gekracht habe es dennoch immer wieder in den Diskussionen mit Kasner. Die Beurteilung Dietrich Bonhoeffers, der für viele eine zentrale christliche Figur und ein Vorbild war, dessen, wie man auch sagen könnte, Vereinnahmung durch politische Gruppen, das seien Konfliktpunkte gewesen. Diejenigen, die enger an den Staat rücken wollten, bezogen sich auf den Theologen und Widerstandskämpfer, die anderen auch, sie forderten eine Widerständigkeit nach dem Vorbild Bonhoeffers. Als im Prenzlauer Berg in den evangelischen Gemeinden sich die Opposition formierte, war draußen im Waldhof davon noch nichts zu spüren, so der Vorwurf manches Kasner-Schülers.

Was die politische Bewertung der Person Kasners und seine Haltung zum Staat versäumt, ist seine Würdigung als geistige und theologische Persönlichkeit. Einige wenige ihrer engeren Vertrauten soll Merkel einmal zum Besuch nach Templin

geschickt haben. Und sie erlebten einen über 80-jährigen, noch immer engagierten Protestanten, der sich für den Wiederaufbau eines kleinen Kirchleins im Grünen einsetzt. Dort in dem Dörfchen Alt Placht nimmt er sich jetzt der Ruhe suchenden Berliner an, die sich dort trauen lassen möchten oder für ihr Kind die Taufe erbeten. Doch ganz so einfach ist das bei Horst Kasner nicht, so berichten die Besucher. Er verbindet das Gespräch immer mit einer kleinen Katechese, keiner der gottentwöhnten Hauptstädter gehe nach Hause ohne kleine Merkkärtchen mit den wesentlichen Inhalten des Glaubens. So oder ähnlich muss auch die religiöse Erziehung der Bundeskanzlerin ausgesehen haben.
Manch einer, der den Vater aus der Zeit des Pastoralkollegs kannte, lernte Angela Merkel in ihrer Berliner Zeit nach dem Studium kennen. In den so wichtigen 1980er Jahren war sie eher unpolitisch. Aber sie war und blieb, weniger in Leipzig während ihres Studiums als nach dem Umzug nach Berlin, Tochter eines prominenten Theologen. Sie hielt sich weiter auch in kirchlichem Umfeld auf. Der Name ihres Ehemannes, den sie nach der Trennung beibehält, schützte sie etwas vor der Entdeckung. Sie war nicht nur Pfarrerskind, sie war eben Tochter von Horst Kasner, das hat sie geprägt, alles Kirchliche war in ihrem Leben von jeher sehr öffentlich, sodass sie sich später die Freiheit nahm, Glaube und Religion endlich in den Schonraum des Privaten zu verschieben. Zumindest muss es auch persönlich sein, bevor es öffentlich werden kann. Vermutlich hat das der jungen Angela Kasner auch gefehlt. Sie beschreibt ihre Prägung im Gespräch mit Hugo Müller-Vogg: „Weil mein Vater Pfarrer war, hatten wir Kinder einen ganz natürlichen Bezug zur Kirche. Wir waren einfach christlich, ohne das besonders zu reflektieren. Das war einfach Teil des Lebens. Professionalität und Christ-Sein gingen ineinander über.“[25]
Auf die Frage, warum man ihr das Pfarrerskind nicht anmerkt,

antwortet sie: „Was ist schon das typische Pfarrerskind? Ich komme auch nicht aus einem typischen Pfarrhaus, weil mein Vater während meiner ganzen Kindheit in der Weiterbildung für Pfarrer tätig war, also ein Seminar geführt hat. Es gab also nicht das klassische Gemeindeleben drum herum. Wohl aber gab es eine gewisse Gelassenheit."[26] In einem Zeitungsbeitrag für ein evangelisches Sonntagsblatt beschreibt sie noch deutlicher ihren Hintergrund: „Ich bin in einer Familie groß geworden, in der das Christliche nicht nur den Lebensort, sondern auch die Lebenseinstellung prägte."[27]

Um 18 Uhr läuteten auf dem Waldhof die Glocken, dann mussten die Kasner-Kinder zum Abendbrot erscheinen. Angela Merkel erzählt in einem Interview von diesem Ritual, es sei ihr lästig gewesen, sagt sie. „In Pfarrhäusern war auch das Tischgebet sehr üblich", sagt Justus Schwer, der sich daran erinnert. Angela Merkel wächst religiös auf, mit einer religiösen Selbstverständlichkeit, die durch die DDR-Realität immer wieder in Bedrängnis gerät, aber doch nicht beiseitegeschoben werden kann. Jeden Sonntag wurde in der Templiner St.-Maria-Magdalenen-Kirche um 11 Uhr der Kindergottesdienst gefeiert. Damals in den 1960er Jahren saßen die Mädchen und Jungen noch getrennt, links im Kirchenschiff hockte Angela. Die Katechetinnen, die auch die Christenlehre unterrichteten, bereiteten den Gottesdienst mit vor. Meist ging es um die anschauliche Darstellung biblischer Geschichten. „Wie mit der Muttermilch haben wir das Evangelium so aufgenommen", sagt der Altersgenosse Justus Schwer.

„Was du in der Jugend deinem Herzen einprägst, das wird dein unverlierbarer Besitz, das arbeitet an deinem Geist und an deiner Seele, das wird dir zu einer Lebenskraft. Was du nicht in deiner Jugend lernst, das geht dir später nur sauer ein, und leicht bleibt dein Herz arm und leer." Mit diesen Worten beginnt das Buch „Schild des Glaubens", mit dem Angela Merkel in der Christenlehre die biblischen Geschichten kennengelernt hat. „Wir haben vor allem die Zeichnungen von Paula Jordan geliebt“, berichtet Justus Schwer. Es sind Federstrichzeichnungen des biblischen Geschehens, die von den Schülern gerne ausgemalt wurden. „Diese Bilder waren sehr einprägsam und nicht so kitschig, wie es heute oft aussieht.“ Der Titel „Schild des Glaubens“ scheint die Situation auch von Angela Merkel zu beschreiben. Der Glaube war eine Bastion gegen die ideologischen Angriffe der Umgebung.

Die Christenlehre in den Räumen der Gemeinde ersetzte seit Ende der 1950er Jahre den Religionsunterricht in der Schule, den die DDR-Machthaber verboten hatten. Diese Zeit war von einem aggressiven Kirchenkampf geprägt, Pfarrer wurden verhaftet, viele Mitglieder traten infolge der Propaganda und des Drucks aus der Kirche aus, vor allem die kirchliche Jugendarbeit wurde stark behindert. In den 1960er Jahren hatte sich die Aggression abgeschwächt, war aber dennoch zu spüren. Justus Schwer erzählt, wie er als Kind Angst vor dem Schulweg hatte, weil Mitschüler ihm auflauerten und mit Schneebällen traktierten. Der Grund: Er war das Kind vom Pfarrer. Angela Merkel beschreibt sich auch selbst als Außenseiterin, die weniger Freunde hatte, aber auch die Neugierde der Mitschüler provozierte. In einem Interview mit der Zeitschrift „Brigitte“ erinnert sie sich an dieses Lebensgefühl, am Rande und doch im Mittelpunkt der Aufmerksamkeit zu stehen: „Ich bin ja immer aufgefallen. So unscheinbar konnte man gar nicht sein. In der Uckermark reichte es schon, wenn man – wie ich – Kunstpostkarten gesammelt hat. Insofern: Ich konnte schon damit umgehen aufzufallen.“ Und dann fügt sie lapidar an: „Es war eher so, dass ich anfangs im Westen weniger aufgefallen bin.“[28] Sie lässt offen, ob aus Tarnung, aus Vorsicht oder schlicht unbeabsichtigt.

In ihrer Kindheit fiel sie also wegen ganz verschiedener Dinge auf, wegen überragender Leistungen in der Schule, wegen ihres Elternhauses, wegen der besonderen Wohn- und Lebenssituation, auch wegen der Kleidung aus dem Westen, die sie fast ausschließlich trug. Doch der Glaube und die Religion im engeren Sinne haben sie als Kind nicht an erster Stelle und nicht allein zur Außenseiterin gemacht. Auf die Frage, ob sie darunter gelitten habe, in der kirchenfeindlichen Umgebung Pfarrerstochter gewesen zu sein, antwortet sie: „Diese Phase war viel positiver als dass sie beschwerlich war.“[29] Wenngleich sie einräumt, dass es auch Phasen der Beschwernis gegeben hat. Sie habe aber nicht darunter gelitten, deswegen keine Freunde gehabt zu haben.

Die Christenlehre besuchte Anfang der 1950er Jahre in der Uckermark noch die Mehrheit einer Klasse, und auch in den 1960er Jahren war Angela Merkel in ihrer Klasse bei Weitem nicht die Einzige. Ein evangelisches Gemeindeglied erinnert sich, dass mindestens die Hälfte der Klasse Anfang der 1960er Jahre noch an der außerschulischen Christenlehre teilnahm. Angela Merkel selbst meint, dass es in ihrer Klasse ein Drittel der Schüler gewesen sei, das die Christenlehre aufsuchte. Ende der 60er sei die Situation schon dramatischer gewesen. Da habe sein Sohn, so berichtet das Gemeindeglied, allein vor der ganzen Klasse aufstehen müssen, da er noch zu den „Rückwärtsgewandten“ gehört habe. Angela Merkel besuchte von 1960 bis 1966 die religiöse Unterweisung. Ab der sechsten Klasse löste der Konfirmandenunterricht die Christenlehre ab. Er fand dann zweimal die Woche statt und wurde von einem Pfarrer gegeben.

Die Statistik für die DDR insgesamt weist einen starken Rückgang der Teilnehmerzahlen bei der Christenlehre bis 1960 auf, doch dann stabilisiert sich die Entwicklung um die 30 Prozent. Den Tiefpunkt erreicht die Zahl, auf die ganze DDR gerechnet, mit knapp 20 Prozent um 1975. Vielleicht war Christenlehre in der Kindheit und Jugend von Angela Merkel schon Minderheitenprogramm, aber es wird noch eine starke Minderheit gewesen sein. Doch war das Leben in dem evangelischen Gebiet um Berlin noch nicht so stark entkirchlicht wie am Ende der DDR. Justus Schwer schätzt, dass in seiner Klasse von 36 Schülern sogar 22 zur Christenlehre-Gruppe im Gemeindehaus neben der Kirche gehörten. Es ist kein weiter Weg von der Goetheschule, die Schwer und Merkel besuchten, bis zur Kirche in der Martin-Luther-Straße, nur wenige Hundert Meter, die die Gruppen meist gemeinsam gingen. Es wird ein vertrauter Weg gewesen sein, ein Weg, der Normalität war. Schwer war eine Klasse unter Merkel und mit ihrem Bruder befreundet.

Kirche war noch Normalität in der Kindheit und Jugend von Angela Merkel, eine Normalität mit Hindernissen, aber doch noch eine Art Selbstverständlichkeit. Das änderte sich mit zunehmendem Alter. Die Entscheidungen, die als Heranwachsende anfielen, waren dann schon politischer und kontroverser, auch folgenreicher. Konfirmation oder Jugendweihe, Junge Gemeinde oder Freie Deutsche Jugend (FdJ) – das eine schloss das andere nicht unbedingt aus. Anhand dieser Alternativen kann jeder Christ in der DDR seinen Weg zwischen Repression und Anpassung beschreiben. So auch Angela Merkel. Doch vor diesem Sich-Entscheiden stand eben die frühe Prägung, die noch fast volkskirchlich zu nennen ist, die zwar von der Diktatur, aber noch nicht so stark von einer säkularisierten Umgebung beeinflusst war. „Ich erinnere mich noch, dass in meiner Klasse in der Erweiterten Oberschule von 28 Schülern 13 oder 14 keine Jugendweihe hatten. Alle waren konfirmiert worden. Und es gab noch ein paar, die beides hatten: Konfirmation und Jugendweihe. Es gab in der Schule viele Gleichgesinnte."[30]

Das Christ-Sein von Angela Merkel entwickelte sich dann gerade in dieser Spannung von Anfeindung und eigener Stärke. Das Selbstbewusstsein des Elternhauses ließ bei ihr keinen politisch motivierten Glaubenszweifel zu. Sie entschied sich für die Konfirmation und für die FDJ, aber gegen die Jugendweihe. Ihr Konfirmationsspruch lautete: „Nun aber bleiben Glaube, Hoffnung, Liebe. Diese drei. Aber die Liebe ist die größte unter ihnen“ (1 Korinther 13,13). „Ich habe mir den damals selber ausgesucht und ich finde, dass in diesem Spruch zum Ausdruck kommt, dass die Hinwendung der Menschen zueinander oder eines Menschen zu einem anderen eigentlich das ist, was das Leben prägen sollte, nicht Abneigung oder immer das Schlechte, sondern das Gute im Menschen suchen. Das war auch immer meine Lebensmaxime.“[31]

Die FDJ-Mitgliedschaft in Kombination mit ihren schulischen Leistungen ermöglichte ihr den Gang zur Erweiterten Oberschule, die sie mit dem Abitur abschloss, und somit das Studium. Das war eine der größten Sorgen der Eltern, dass ihre Kinder nicht würden studieren können, obwohl sie die Neigung und Befähigung dazu hätten. Deswegen stimmten sie, im Gegensatz zu vielen anderen Pfarr-Elternhäusern, der FDJ-Mitgliedschaft zu. Im Fall des Bruders Marcus genehmigten sie sogar die Jugendweihe, was Pfarrer Kasner innerkirchlich Probleme bereitete. Ihr Beitrag in dem „Bayrischen Sonntagsblatt“ klingt fast wie ein persönliches Glaubensbekenntnis, das das Wechselspiel von Umgebung und innerer Überzeugung in überraschend offener Weise beschreibt:

„Seit meiner Jugend wusste ich also, dass ich durch mein Bekenntnis zu Gott und seiner Kirche einem inneren Kompass folgte, der vom Staat und der Mehrheit der Bevölkerung als Richtungsweiser abgelehnt wurde. Es war auch nicht immer einfach, zu seinem Christ-Sein zu stehen.“[32] Der Glaube habe sie gelehrt, dass es richtig sein kann, gegen den Strom zu schwimmen.

Heute gibt es Leute in Templin, die nehmen Angela Merkel als Beispiel, dass es in der DDR gar nicht so schlimm gewesen sei mit der Unterdrückung der Kirchen und der Gläubigen. Schließlich sei die jetzige Bundeskanzlerin Tochter eines Pfarrers gewesen und habe trotzdem zur Erweiterten Oberschule gehen können, das Abitur machen und studieren dürfen. Und das, obwohl sie noch nicht mal die Jugendweihe gemacht habe. So etwas ärgert den früheren Lehrer und Schulleiter Hans-Ulrich Beeskow noch immer.[33] Er sitzt für die CDU im Rat der Stadt. Die Linken sind auch in der Demokratie – was die Sitzverteilung angeht – wieder stärker als die Christen. Angela Merkel hat er im „Club junger Mathematiker" unterrichtet, das war die Elite-Förderung an der Goetheschule in Templin. Die herausragenden Leistungen seiner damaligen Schülerin hat er inzwischen Journalisten aus aller Welt angepriesen. Nur in Templin gibt es immer noch keine rechte Merkel-Begeisterung. Das liegt an vielem, auch daran, dass sie ihre offizielle politische Heimat in Mecklenburg-Vorpommern hat. Für Rügen sitzt sie im Bundestag, nicht für Templin. Auch Beeskow wird jetzt im Nachhinein gerne benutzt, um die Diktatur rein zu waschen. Er gehört der Evangelisch Freikirchlichen Gemeinde von Templin an, die auf das Gründungsjahr 1848 datiert. Er habe doch Mathelehrer werden können, wird ihm nun von dem einen oder anderen Geschichtsfälscher entgegengehalten.

Beeskow wohnt in der Villa „Frohsinn" auf dem Weg von der Innenstadt zum Waldhof. Mit der Familie Kasner und auch mit dem Leiter der Behinderteneinrichtung habe man sich gut verstanden. Anfang 1989 wurde es ihm und seiner Frau mit der Schikane zu viel. „Wir haben überlegt zu kündigen", sagt er. Die verpflichtenden Parteilehrgänge – auch für Nichtmitglieder – mit der erzwungenen Phrasendrescherei schlugen den beiden aufs Gemüt. „Als wir am heiligen Ostersonntag zusammen saßen, um die Vorbereitungen für die Parteischulung zu machen, wussten wir, dass es so nicht weiter geht." Im Waldhof hätten sie Unterschlupf finden, hätten in den unterschiedlichen Einrichtungen arbeiten können. Doch das Ende der DDR kam schneller, als sie ihren Entschluss umsetzen konnten.

Von der DDR zur BRD – Opposition und Kirsch-Whisky

Ein Gedicht von Christian Morgenstern spielt in der Biografie von Angela Merkel eine besondere Rolle: „Es sitzen Möpse gern auf Mauerecken, – die sich ins Straßenbild hinaus erstrecken, – um von sotanen vorteilhaften Posten – die bunte Welt gemächlich auszukosten. – O Mensch, lieg vor dir selber auf der Lauer, – sonst bist du auch ein Mops nur auf der Mauer." Kaum vorstellbar, dass aus diesen Versen ein Politikum wird. Und doch sorgt er für den einzigen kleinen Skandal, den Merkel in der DDR mit verursacht hat. Mehr als ein Schülerstreich, aber auch keine Protestaktion. Kurz vor dem Abitur musste die Klasse eine Kulturstunde vorbereiten, zunächst wollten die Schüler der Erweiterten Oberschule sich weigern, dann, auf gutes Zureden von Merkels Vater, Horst Kasner, wurde doch etwas vorbereitet. Das besagte Gedicht wurde aufgesagt, die „Internationale" angestimmt, aber in der Sprache des Klassenfeindes, auf Englisch. Schließlich wurde für die „Frelimo" Geld gesammelt, einer marxistischen Befreiungsbewegung in Mosambik, die aber keiner kannte. Gefordert war hingegen eine Solidaritätsbekundung für den vietnamesischen Vietcong. Das Ganze war also als Satire angelegt, entsprechend verärgert reagierte die Schulleitung. Zwei Dinge sind dann in der Folge beachtlich. Angela Merkel sollte als Pfarrerstochter der Anstiftung überführt werden. Doch die Klassengemeinschaft stand geschlossen zu der Tat. Das zweite: Um Schlimmeres zu verhindern, etwa den Verlust des Studienplatzes, musste sich Vater Kasner an höhere kirchliche Stellen wenden. Zunächst sprach er mit seinem Bischof Albrecht Schönherr, dieser leitete die Angelegenheit ans Zentralkomitee der SED weiter. Am Ende musste Angela Merkel mit einer Bittschrift im Gepäck nach Berlin reisen und diese dem damaligen Konsistorialrat Manfred Stolpe, später nach der Wende SPD-Ministerpräsident in Brandenburg, überreichen. Die Schüler erhielten einen Verweis, aber schwererwiegende Konsequenzen blieben aus.[34]

Angela Merkel war angepasst und unangepasst gleichzeitig. Das belegen verschiedene Begebenheiten. Sie war gerne in der FDJ, wie sie einmal bekannt hat. Sie habe dort Geselligkeit gesucht. Später in der Berliner Zeit hat sie als Funktionärin sogar Veranstaltungen organisiert, doch nach allem, was bekannt ist, waren diese entweder harmlos erbaulich oder teilweise sogar eher kritisch, wenn es etwa um einen Vortrag zur Wirtschaftslage in der DDR ging. Sie hörte Biermann-Kassetten und verehrte den Dissidenten und Autoren Rainer Kunze, doch als ein geflohener Freund ihr aus West-Berlin schreiben wollte, bat sie ihn, das besser zu unterlassen. Die West-Post könne ihr Schwierigkeiten bereiten. Sie besuchte die Evangelische Studentengemeinde in Leipzig regelmäßig, doch als gefragt wurde, ob sie Vertrauensstudentin werden wolle, lehnte sie ab. Dafür habe sie bei dem anspruchsvollen Studium keine Zeit. Ein Sowohl-als-auch prägt ihr Leben. „Es ist offenbar unheimlich schwer, heute zu verstehen und begreiflich zu machen, wie wir damals gelebt haben“, erklärt sie später diese oft geradezu fast schizophrene Situation in der Diktatur. „Wo war die Grenze des Kompromisses, die jeder selber finden musste“[35], fragt sie. Auf der einen Seite musste sie am Ende ihres Studiums auch eine Abschlussarbeit über den Marxismus-Leninismus verfassen, gleichzeitig debattierte sie in einem privaten Gesprächskreis ihres Professors, der ebenfalls christlich orientiert war, zu Hause in der Sofaecke die Werke des verbotenen Rudolf Bahro. Auch die Frage, ob man sich beruflich überhaupt engagieren sollte, da dies ja auch dem verhassten real existierenden Sozialismus diente, beschäftigte Angela Merkel. „Zur Zeit der Wende war ich schon froh, dass ich mich nicht habe hängen lassen.“[36]

Als Angela Merkel 1973 den Waldhof verlässt, ist sie keineswegs eine Außenseiterin. Und sie ist auch nicht ängstlich, der „Insel“ den Rücken kehren zu müssen. Sie ist konfirmiert, hat zeitweise im Kirchenchor gesungen und gleichzeitig ist sie Mitglied der FDJ. Sie unternimmt Bootstouren mit ihrem Freundeskreis durch die Uckermark, ist dabei die Anführerin zumindest in logistischen Fragen. Allenfalls bei Partys in Templin soll sie zurückhaltender als ihre Altersgenossen gewesen

Sie sei immer eher unsportlich gewesen, beklagt sie in späteren Interviews. Das Bild aus dem Jahr 1973 zeigt die Jugendliche Angela Kasner in anderer Weise. Sie spielt bei einem Ausflug gemeinsam mit Freunden Volleyball.

sein. In Leipzig hingegen machte sie sich als studentische „Bardame“ bekannt, da sie in der Lage war, Kirschmost und Whisky oder Wodka zu beschaffen. Und wohl auch zu trinken. „Ich habe mir Leipzig ausgesucht, weil ich mir dachte, ich muss mal von zu Hause weg“, bekennt sie zur Wahl ihres Studienortes im Juni 2008 bei der Verleihung der Ehrendoktorwürde der Universität Leipzig, die zu ihrer Zeit noch Karl-Marx-Universität hieß. Berlin als Studienort wäre zu nah an Templin gewesen, die Versuchung hätte nahegelegen, am Wochenende nach Hause zu fahren. Organisationstalent soll sie in den kommenden Jahren auszeichnen und ihren Freunden und Bekannten in Erinnerung bleiben, während ihres Studiums und danach in Berlin an der Akademie der Wissenschaften, wo sie promoviert wurde.

Die Physikalische Fakultät in Leipzig hatte einen guten Ruf, Angela Merkel beschreibt ihr Studium als „schöne Zeit“. Das typische Studentenleben im engeren Sinne zwischen ausgedehntem Freizeitverhalten und dem Leistungsanspruch der Lehrenden war nicht viel anders, als es vermutlich auch im Westen hätte sein können. Bei der Festveranstaltung in Leipzig berichtet sie sowohl über das Pflichtprogramm als auch über die Kür. „Fangen Sie bloß nicht an, sich an die Drei als gute Note zu gewöhnen“ – der Ausspruch eines ihrer Professoren griff wohl die Erziehungslinie ihrer Eltern perfekt auf. „Womit wollen Sie eigentlich denken, wenn Sie nichts im Kopf haben“, zitiert sie einen anderen Lehrenden. Konkret bezog sich das auf den Wunsch der Studierenden, Berechnungen nicht im Kopf ausführen zu wollen. Dieser Spruch kann auch als generelle Maxime von ihr angesehen werden. Ihre früh geprägte Haltung lässt sich zusammenfassen mit dem Satz: „Gott hat uns den Kopf zum Denken gegeben, die Vernunft nicht zu benutzen, wäre unchristlich.“

Vielleicht waren die Leipziger Jahre im Nachhinein die unbeobachtetsten in Merkels Leben. Das Elternhaus war fern, der

Beruf und sein Umfeld noch nicht in Sicht. Die Stasi schaute zu, nur wusste die Studentin davon nichts. Sie verstand es, auf der DDR-Klaviatur zu spielen, zwischen FDJ und Evangelischer Studentengemeinde. Bei einer Studienreise nach Russland lernt sie ihren ersten Mann kennen, den ein Jahr älteren Physikstudenten Ulrich Merkel. 1977, mit 23 Jahren, heiratet sie ihn, die kirchliche Trauung findet auf ihr Drängen hin statt, im heimischen Templin. Vier Jahre später wird die Ehe geschieden. Sie selbst begründet das damit, dass man aus den Zwängen der DDR heraus sich zu früh gebunden und nicht lange genug Prüfungszeit habe verstreichen lassen. „Mein erster Mann und ich waren natürlich verliebt, wir gingen auch

In der DDR hat sie heimlich Kassetten von ihm gehört: Im November 2007 gratuliert der Liedermacher Wolf Biermann der Bundeskanzlerin zum Leo-Baeck-Preis. Neben ihm: Charlotte Knobloch, Vorsitzende des Zentralrats der Juden in Deutschland, der den Preis vergibt.

von einer gemeinsamen Zukunft aus. Aber in der DDR war es so, dass man die gemeinsame Wohnung und Arbeit am selben Ort eben nur bekam, wenn man verheiratet war. Das hat die Phase der Selbstprüfung in einer Beziehung oft abgekürzt." Scheidungen waren in der DDR an der Tagesordnung, wie in ihrem Elternhaus darüber gedacht wurde, ist nicht bekannt.

Ihre Diplomarbeit in Physik wurde 1978 mit einer Eins bewertet. Danach wechselt sie nach Berlin, um dort an einem Institut der Akademie der Wissenschaften in Adlershof zu promovieren. Ihre Dissertation reicht sie 1986 ein. Danach wechselt sie das Institut und arbeitet bis zur Wende im Bereich der Analytischen Chemie. In dieser Zeit wird sie bei der FDJ als Sekretärin für „Agitation und Propaganda" tätig. Sie selbst hat das nie bestritten, nur hat sie ihrer Meinung nach im Wesentlichen „Theaterkarten organisiert". Sie habe in Berlin wenig Kontakte gehabt, habe Anschluss gesucht, ihr Mann hingegen sei sehr häuslich gewesen. Deswegen habe sie bei der FDJ mehr gemacht als nötig. Die FDJ sei aber eben nicht nur eine politische Veranstaltung gewesen, sondern auch Anlaufstelle für viele kulturelle Aktivitäten. „Es gab also wenige Möglichkeiten, dem auszuweichen. Aber natürlich bestand die Gefahr, das steht außer Zweifel, weiter hineingezogen zu werden, als einem lieb war." Und sie fügt noch an: „Ich wusste schon, was ich tat."

Alle 14 Tage am Mittwochabend ging sie zur Gethsemane-Gemeinde im Prenzlauer Berg, rückwärtig zum S-Bahnhof „Schönhauser Allee" gelegen. Sie wohnte zwei Kilometer südlich an der Grenze zum Bezirk Mitte unweit der Zionskirche, ausgerechnet in der Templiner Straße. Die Gethsemanekirche war ihre kirchliche Heimat geworden, dort fand sie Freunde und eben den Mittwochskreis. Die Runde war von berufstätigen Frauen dominiert, berichtet heute eine Teilnehmerin[37] im Rückblick. Darunter einige Geschiedene wie Angela Merkel und auch viele ohne Kinder. Diese Mischung brachte die

Runde zusammen. Im Donnerstagskreis hingegen hätten die Familie- und Kinderthemen dominiert, so wird berichtet. Die Mittwochsleute seien die fröhlicheren gewesen. „Wir gingen nach unserer Gesprächsrunde im Gemeinderaum gerne noch in die benachbarte ‚Eselsbrücke' in der Greifenhagener Straße." Die urige Kneipe gibt es noch immer. Zu den Themen, die diskutiert wurden, gehörten auch politische und gesellschaftliche Fragen, ein politischer Kreis war es nicht. Da gab es andere Zirkel, die sich in der Zeit Anfang bis Mitte der 1980er Jahre in der Gemeinde bildeten. Zu denen gehörte Angela Merkel nicht. Der Mittwochskreis wurde von Pfarrer Dr. Konrad Wekel geleitet, 12 bis 20 Mitglieder hatte er. Psychologie und auch private Dinge, Fragen von Partnerschaft und Beruf seien besprochen worden. Angela Merkel habe sich nicht hervorgetan, auch habe man nicht unbedingt gewusst, wie religiös jemand in der Runde gewesen sei oder nicht. Irgendwann sprach sich unter den Pfarrern rum, dass sie die Tochter von Horst Kasner war, den kannten die Theologen. Doch sonst erinnern sich die Zeitzeugen kaum an das als freundlich, zugewandt und kontaktfreudig beschriebene Gemeindeglied. Bis heute hat sie freundschaftliche Kontakte aus dieser Zeit behalten, sie wurde Patentante eines Kindes, dessen Eltern auch dem Mittwochskreis angehörten.

Angela Merkel gehörte in den 1980er Jahren zumindest am Rande zum Gemeindeleben der Gethsemane-Gemeinde dazu, der Pfarrer kannte sie, sie hatte Freunde und Bekannte dort. Besonders engagiert war sie nicht. Und es waren sicher eher ihr Glaube und die Suche nach einer Gemeinde, die sie dorthin trieben, als etwa der politische Freiraum, den sie suchte, um aktiv zu werden. Sie sei, berichtet sie, Ende der 1980er Jahre auch mal zu Friedensgottesdiensten gegangen oder zu Gesprächsveranstaltungen der entstehenden Oppositionsbewegung. Doch mehr, um ihre Solidarität zu bekunden und ihre Gegnerschaft zum System auszudrücken, weniger, weil sie sich selbst einbringen wollte. Widerstandskämpferin sei sie nie gewesen, hat sie immer betont. „Manchmal bin ich zu den Friedensmessen von Rainer Eppelmann gegangen, der Pfarrer in der Samariter-Kirche war. Ich bin da hingegangen, weil ich fand, dass es ein Zeichen gegen die DDR war, aber es war nicht meine politische Welt; auch nicht die Anti-Atom-Bewegung oder die ‚Schwerter zu Pflugscharen'. Wenn ich dennoch dort auftauchte, dann um zu zeigen, dass ich auch gegen die DDR bin."[38] In der Zeit in der Akademie wurde sie von einem damaligen Freund für die Stasi ausspioniert. In ihrer Akte heißt es: „Sie hatte auch Kontakte zu Kreisen aus dem Prenzlauer Berg, die wenig mit der Politik unseres Staates gemeinsam haben, sowie zu jungen Künstlern und Mitgliedern der evangelischen Kirche."[39] Sie selbst sagt, sie sei bei einigen Veranstaltungen der Bürgerbewegung dabeigewesen, doch sie habe nicht in „dieses Milieu" gepasst. Auch die „basisdemokratische Diskussionsweise" sei nicht ihre Sache gewesen. Sie sei nicht derart pazifistisch gewesen, wie in den Kreisen diskutiert wurde.[40]

Angela Merkel wird als „Novemberrevolutionärin" bezeichnet, weil sie sich in den Monaten vor dem Fall der Mauer nicht engagiert hat. Sie hat nicht gegen den Staat demonstriert, als es noch gefährlich war. Erst nach dem 9. November 1989, als alles auseinanderzubrechen schien, entscheidet sie sich für das politische Engagement. Zunächst aber geht sie in die Sauna. „Ich habe Günther Schabowski im Fernsehen gesehen und dann meine Mutter angerufen. Wir hatten zu Hause immer den Spruch: ‚Wenn die Mauer mal weg ist, gehen wir ins Kempinski Austern essen.' Ich habe ihr gesagt, es sei jetzt soweit. Dann bin ich wie jede Woche in die Sauna gegangen."[41] Es war gar nicht klar, dass die Grenzen sich sofort öffnen würden, deswegen hat Merkel auch ihren gewohnten Rhythmus nicht durchbrochen. Sie war mit einer Freundin in der Sauna verabredet, danach gegen 21 Uhr gingen sie allerdings nicht wie sonst noch ein Bier trinken, sonder rüber in den Westen. Andere, wie ihr späterer politischer Weggefährte Rainer Eppelmann, schauten sofort an der Mauer nach. Eppelmann stand am Übergang Bornholmer Straße, der als erster geöffnet wurde. Auch durch das Einschreiten des evangelischen Pfarrers gab es keine Gewalt bei dem Ansturm auf die Grenzposten. Die Wachen dort resignierten irgendwann, gaben dem Druck der Massen nach und öffneten die Schlagbäume. Angela Merkel spazierte etwas später hinterher, als die große Menge schon am Ku'damm bummelte. Das Austernessen im Hotel Kempinski hat übrigens angeblich immer noch nicht stattgefunden. Es sei ein Symbol gewesen, so Merkel.

Plötzlich beschleunigte sich die Zeit. Die Tage, Wochen und Monate im November und Dezember 1989, das Jahr 1990 scheuchten das SED-Regime davon, brachten im weiteren Verlauf den Staat DDR zu Fall und die Wiedervereinigung der beiden deutschen Staaten. Angela Merkel rutschte in diesen Strudel. Ein Jahr nach dem Mauerfall war sie schon stellvertretende Regierungssprecherin der Regierung de Maizière gewesen, kandidierte für den Deutschen Bundestag und war kurz davor, Ministerin im Kabinett Kohl in Bonn zu werden. Im November/Dezember 1989 begab sie sich zunächst mit dem Instituts-Chef der Akademie, Klaus Ulbricht, auf „Parteiensuche", wie sie es selbst nennt. Zunächst seien sie bei den Sozialdemokraten gelandet, dort habe es ihr nicht gefallen, weil sich alle mit „Du" ansprachen und auch die Bezeichnung „Genosse" noch üblich war. Ihr Freund Ulbricht blieb. Sie landete dann beim „Demokratischen Aufbruch" (DA), der unter anderen von Pfarrer Eppelmann, Pfarrer Friedrich Schorlemmer und Pfarrer Ehrhart Neubert, noch von der DDR-Polizei in dessen Wohnung umstellt, gegründet worden war. Ulbricht steigt bei der SDP (später SPD) auf und wird Bürgermeister in Treptow-Köpenick. Sie macht Karriere beim DA. Ihr habe es gefallen, dass dort die politischen Positionen noch nicht so festgelegt gewesen seien. Etwas chaotisch sei es

zugegangen. Gerd Langguth stellt fest, dass sie erst kurz vor Weihnachten, „zu einem relativ gefahrlosen Zeitpunkt", dazugestoßen sei. Bei der eigentlichen Revolution war sie in der Tat nicht dabei, als sich die Parteien noch unter erheblichem Widerstand der dahinsiechenden Staatsmacht gründeten. [42]
Zunächst ging es auch beim Demokratischen Aufbruch noch um eine Reform des Sozialismus, um einen „Dritten Weg" zwischen Kapitalismus und Kommunismus. Eppelmann und der erste Vorsitzende, Wolfgang Schnur, setzen auf die Widervereinigung, auf Helmut Kohl und die Union. Es gab heftige Streitereien um den Kurs. Anfang Januar verließ Friedrich Schorlemmer die Partei und ging zur SPD. Der Demokratische Aufbruch nähert sich dann bis zur ersten freien Volkskammerwahl am 18. März 1990 der Position der westdeutschen CDU an und ging schließlich das Bündnis in der „Allianz für Deutschland" mit DSU und CDU ein. Wie offen Merkel bei der „Parteiensuche" war, ist fraglich. Für sie war wohl relativ früh die Anbindung an den Westen und die Wiedervereinigung das realistische Ziel. Die „egalitären" Positionen bei den Sozialdemokraten hätten ihr nicht gefallen, sagt sie, andere Parteien außer den DA hat sie sich nicht mehr angeschaut. Sie wollte bei etwas Neuem dabei sein und auf keinen Fall zur Ost-CDU gehen. Aber Ende Dezember 1989 zeichnete sich schon ab, dass der DA sich im liberal-konservativen Spektrum ansiedelte. Beim DA seien viele Intellektuelle gewesen, beschreibt sie ihre Anfänge dort, es habe etwas zu tun gegeben. Aus dem Westen waren neue Computer gekommen, die außer ihr niemand bedienen konnte. So wurde sie in der neuen Parteizentrale schnell zu einem Mädchen für alles. Später machte sie der Vorsitzende Schnur zur Pressesprecherin. „Ich bin auch an die richtigen Leute geraten, habe interessante Menschen kennengelernt, Seminare besucht"[43], erinnert sie sich.
Tatsächlich kam sie wohl nicht so ganz zufällig und unbedarft

in ihr erstes politisches Wirkungsfeld. Zumindest Eppelmann kannte sie aus der Samaritergemeinde. Wolfgang Schnur war zu DDR-Zeiten Vertrauensanwalt für zahlreiche DDR-Oppositionelle, er war Synodaler des Bundes der Evangelischen Kirche in der DDR. Der aus Stettin stammende Rechtsanwalt gehörte zu dem Kreis von mehr oder weniger prominenten Kirchenleuten, die mit dem DDR-Staat in Kontakt standen, um in Konflikten zu vermitteln und Ausreisen zu organisieren. Es heißt, er sei mit Horst Kasner befreundet gewesen. Ob Angela Merkel ihn tatsächlich vorher schon gekannt hat, ist offen. Sicher ist aber, dass der DA die vielleicht evangelischste und kirchlichste unter den neuen Oppositions-Parteien war. Dass das evangelische Netzwerk Merkel bewusst nach oben gehievt hat, scheint wahrscheinlich eher eine Verschwörungstheorie zu sein. Doch dass sie sich ein Umfeld suchte, dass ihr vertraut war, in dem sie bestimmte Köpfe zumindest vom Namen her kannte, wo es wohl auch einen gewissen Grundkonsens von Werten und Prinzipien gab, scheint sicher.

Wolfgang Schnur wurde wenige Tage vor der Wahl 1990 als Inoffizieller Mitarbeiter des Ministeriums für Staatssicherheit enttarnt. Angela Merkel musste das Desaster als Pressesprecherin der Öffentlichkeit verkaufen. Es muss auch für sie persönlich eine unermessliche Enttäuschung gewesen sein, dass dieser Mann, der in vielfältigen Ämtern in der Kirche agiert hat, sich jetzt als Gegner erwies, als jemand, der für das System gearbeitet hatte.

Die enge Zusammenarbeit von Teilen der offiziellen Kirche mit dem DDR-Staatsapparat, für die unter anderem auch die Namen Manfred Stolpe, Lothar de Maizière und auch Horst Kasner stehen, genügte den moralischen Ansprüchen der Wendezeit nicht. Stolpe und de Maizière wurden Verbindungen zur Staatssicherheit angelastet und mitunter zum Verhängnis. Für Angela Merkel aber mag diese Erfahrung ein weiterer Grund dafür sein, dass sie bei einer zu engen Verquickung von

Kirche und Staat äußerst skeptisch ist. Zumal die Kirche dann mit dem Glauben weniger zu tun hat als mit dem Interessenausgleich von Institutionen. Vielleicht auch deswegen spricht sie nicht über ihren Glauben im Zusammenhang mit dem Start in ihr politisches Engagement.

Gott und die Politik – Was die kleinen Propheten sagen

Als ihr Redenschreiber Ende 2005 die erste Neujahrsansprache der neuen Bundeskanzlerin vorbereiten musste, nahm er Vorbild beim konservativen Vorvorgänger Helmut Kohl. „Gott segne unser Vaterland", schloss der langjährige Kanzler gerne seinen Vortrag zum Jahresbeginn, so übernahm es der Textchef und fügte es in das erste Manuskript der neuen CDU-Kanzlerin ein. „Nicht so dicke", kommentierte daraufhin die Chefin in der Regierungszentrale den Entwurf. Proklamierte Frömmigkeit sei ihr zuwider, soll sie die Angelegenheit damals kommentiert haben. Doch der Segen fand dann noch Eingang in die Worte fürs Volk, eben etwas zurückgenommener, weniger pathetisch. „Ich wünsche Ihnen ein gutes, ein erfülltes und gesegnetes neues Jahr 2006", beendete Angela Merkel an Silvester 2005 den traditionellen Fernsehauftritt vor Fahne und Blumenschmuck. Immerhin der Schnitt zur rot-grünen Kanzlerschaft war damit gezogen. Gerhard Schröder, auch Protestant und doch gewiss zum Glauben distanzierter, vermied solche Formeln tunlichst. Zu schnell könnten sie als aufgesetzt daherkommen.

Merkels Zurückhaltung im Ausdruck und Zeigen religiöser Bezüge sorgt auf Seiten der Kirchen und auch der engagierten Christen in ihrer Partei immer wieder für Irritationen. Die Politikerin treibt die Sorge um, ein allzu demonstrativ gezeigtes Bekenntnis könne falsch wirken, könne Dinge vermischen, die nicht zusammengehören. Doch viele Beobachter haben daraus den Schluss gezogen, mit dem Glauben sei es ihr wohl doch nicht so wichtig, er sei ihr keine Herzensangelegenheit.

Darüber abschließend zu urteilen, verbietet sich aus der Distanz, dennoch gibt es verschiedene Beispiele und Szenen, die einen anderen Blick auf ihre Frömmigkeit gewähren als den gemeinhin angenommenen. Auf die Frage, ob der Glaube in ihrem Leben eine wichtige Rolle spiele, sagt sie:

„Ja, er macht mich nachsichtiger gegenüber mir selbst und anderen, und er macht es möglich, unter der Verantwortung nicht zusammenzubrechen. Wenn ich Atheist wäre, würde es mir sehr viel schwerer fallen, die Verantwortung zu tragen. Der Glaube ist für mich in jedem Fall eine Erleichterung.“[44]

Als sie am Dienstag, den 21. November 2005, als erste Bundeskanzlerin der Bundesrepublik Deutschland vereidigt wurde, verwandte sie die religiöse Eidesformel „So wahr mir Gott helfe“. Schröder hatte darauf verzichtet. Die katholische Kirche kommentierte es prompt. „Das ist gut für Deutschland“, sagte Prälat Karl Jüsten, Leiter des Kommissariats der katholischen Bischöfe in Berlin. Als sie in der Regierungserklärung ihr „Mehr Freiheit wagen“ verkündete, kam aus gleicher Richtung schon Kritik. Der Freiheitsbegriff sei zu vage, in der Rede fehle es an ethischen Maßstäben. Dabei hatte Merkel darauf hingewiesen, jeder müsse seine religiösen Wurzeln kennen, um in den Dialog mit anderen treten zu können.

Das Religiöse in der Politik ist in Deutschland institutionalisiert und mit Positionen und Programmen verknüpft. Es geht um Lebensschutz und soziale Gerechtigkeit, um ethisches Handeln in der Forschung und eine gerechte Politik gegenüber den Armen und Schwachen weltweit. Um ein religiöses Bekenntnis geht es zunächst nicht. Die Kirchen können keine Frömmigkeit verlangen, aber sehr wohl inhaltlich für bestimmte Werte und Überzeugungen kämpfen. Und doch wird so die Religion zum Machtfaktor. Helmut Kohl hat das verkörpert, auch Gerhard Schröder wusste das und hat tunlichst Provokationen vermieden. Vielmehr hat er in besonderer Weise Wert auf gute Beziehungen zu den Kirchen gelegt, um sich nicht angreifbar zu machen. Das gilt zunächst für Merkel gleichermaßen.

Als Angela Merkel Anfang der 1990er Jahre in die bundesdeutsche Politik eintritt, lernt sie das komplizierte Geflecht kennen. Sie hat ihre ganz speziellen Erfahrungen im Verhältnis von Kirche und Politik, von Glauben und Öffentlichkeit. In den Jahren vor der Wende bot die evangelische Kirche oppositionellen Gruppen Unterschlupf, dadurch wurde ihr Erstarken möglich. Doch in den verschiedenen Friedenskreisen stand der persönliche Glaube nicht im Mittelpunkt. Sie fremdelte – wie beschrieben – immer wieder mit diesen Zirkeln. „Zu theoretisch sei es ihr da oft zugegangen, zu viel Gerede", sagt ein Weggefährte. Sie habe das Gefühl gehabt, in diesen Nischen spiele nicht wirklich die Musik, zu selbstgefällig und unbedeutend und unwichtig seien diese evangelischen Tee-Runden in Berliner Hinterhäusern gewesen. Dann habe sie doch lieber Kulturabende für die FDJ organisiert, das sei zwar ein Drahtseilakt gewesen, aber immerhin das. Angela Merkel war auch schon in der DDR zu sehr Tat-Mensch, als das sie sich mit der Kirchen-Ecke abfinden wollte. Sie konnte ja nicht ahnen, dass die friedliche Revolution tatsächlich glückte.

Ähnlich geht es ihr mit den kirchlichen Kreisen in der Politik (West) dann auch. Es ist wohl wie mit der Jungen Union, den CDU-Frauen, dem innerparteilichen Verbandswesen, das für die Partei wichtig ist, aber für eine Zugezogene doch auch befremdlich wirkt, in gewissem Maße auch hermetisch. Angela Merkel steigt in die Partei ja von oben ein, von ganz oben. Sie wird 1990 Ministerin, 1991 stellvertretende Parteivorsitzende. Ihr machtpolitisches Problem ist, dass sie keine sogenannte Hausmacht hat. Das heißt, sie kommt nicht aus einem Landesverband, der sie stützt, wenn es mal brenzlig wird. Keine Gruppierung oder Fraktion in der Partei sagt von sich aus, das ist „unsere". Als sie in der Union anfängt, hat sie vor allem Helmut Kohl hinter sich. Das reicht auf die Dauer nicht. Und

das weiß sie, obwohl der Spendenskandal noch nicht in Sicht ist. Sie scheitert 1991 mit dem Versuch, Landesvorsitzende von Brandenburg zu werden. Daraus hat sie viel gelernt.
Der Evangelische Arbeitskreis (EAK) in der CDU ist gewiss nicht so bedeutend wie ein Landesverband, doch er ist eine anerkannte Größe. 1992 übernimmt sie den Vorsitz dieser Gruppierung. Damit gibt sie das deutliche Signal, sich als politische Protestantin einordnen lassen zu wollen. Doch schon nach einem Jahr bittet sie darum, von der Aufgabe entbunden zu werden. „Zu abgehoben" sei ihr das, soll sie bilanziert haben, berichtet ein damaliger Vertrauter. Der konkrete Anlass für den Rückzug war die Übernahme einer tatsächlichen Hausmacht. Sie wird Landesvorsitzende in Mecklenburg-Vorpommern. Das reiche ihr an Arbeit, begründet sie den Rückzug beim EAK in einem Interview. Sie bleibt der parteiinternen Gruppierung verbunden, hält Festreden und lobt die Arbeit. Aber weiterhin fremdelt sie mit dem politisch organisierten Protestantismus. Etwas von dieser Distanz wird in einem Absatz deutlich, der sich in ihrer Rede zum 40-jährigen Bestehen des EAK aus dem Jahre 2003 findet:
„Ich gehöre nicht zu denen, die sicher zu glauben wissen, was ‚christliche Politik' ist. Mein Glaube kann mir Orientierung geben. Er offenbart mir die christliche Botschaft vom Sinn des Lebens und gibt mir dadurch Hoffnung und Ermutigung. Er gibt mir aber auch den Zweifel an mir selbst und die Demut vor Gott. Ich wünsche mir deshalb eine starke evangelische Kirche, die die Handelnden in ihrem Gewissen vor Gott und den Menschen kräftigt, die ihnen hilft, Entscheidungen zu finden."[45]
Das öffentliche Bekenntnis, die Kirchen, ihre Positionen und die eigene politische Überzeugung, das ist ungefähr das Bermuda-Dreieck, in das sich ein christlicher Politiker begibt, wenn er sich als solcher bezeichnet und angesehen werden will. Für katholische Christen ergibt sich daraus noch einmal

eine besonders schwierige Lage, da es mit dem Papst eine lehramtliche Autorität gibt, die in bestimmten Fragen ganz genau weiß, was richtig und falsch ist – auch in der Politik. Als evangelischer Christ ist die Lage anders, dort herrscht eine Pluralität an Meinungen. Nur als Protestant in der CDU gibt es Probleme, denn diese evangelische Sicht fällt in der katholisch geprägten Union manchmal hinten über. Aus dieser Lage heraus hat sich der EAK gegründet. Doch für Angela Merkel sind derlei alt-bundesrepublikanische Stellungskriege überholt.

Wie geht Kirche mit der Politik um, wie verhalten sich Politiker zu ihren Kirchen? Und was hat das alles mit dem Glauben zu tun. Das sind die Fragen, die wohl einer Neubestimmung harren. Und die Angela Merkel auf jeden Fall anders beantwortet, als es ehedem üblich war. Mit starkem Glauben – und „in lutherischer Tradition mit gewisser Autoritätskritik“[46], so hat sie es selbst beschrieben, so möchte sie es gerne sehen.

Am 18. Januar 1991 wird Angela Merkel als Bundesministerin für Frauen und Jugend vereidigt. Noch ein Jahr zuvor war sie nicht mal Pressesprecherin, gerade mal „Mädchen für alles“ im Büro des Demokratischen Aufbruchs in Ost-Berlin. Die friedliche Revolution hat Lebenswege möglich gemacht, die schwindelerregend sind. Bekannte und Wegbegleiter hätten sie eher bei den Grünen oder den Sozialdemokraten gesehen. Ihr Outfit mit Wickelrock und Jesuslatschen hätten das noch bis zur Wiedervereinigung nahegelegt, lästert ein ehemaliger Förderer. Merkel wurde stellvertretende Pressesprecherin der Regierung von Lothar de Maizière. Der DA konnte noch als bürgerbewegtes Feigenblatt der „Allianz für Deutschland“ und damit der neuen gesamtdeutschen CDU gelten, die sich ja mit der Ost-CDU vereinigt hatte und dadurch bis heute mit der Geschichte der sogenannte Blockflöten zu kämpfen hat. Die Ost-CDU war auch unter dem SED-Regime zugelassen, um in der Diktatur ein wenig Demokratie zum Schein vorzuspie-

len. Innerhalb der sogenannten Nationalen Front war die Ost-CDU politisch gleichgeschaltet. Es gab nur wenige Nischen und Privilegien, die Mitglieder der Schein-Partei besaßen. In der Volkskammer stimmten sie nahezu ausschließlich mit der SED. Angela Merkel kam vom DA und war auch deswegen de Maizière später auch Helmut Kohl eine willkommene Auflockerung in der sonst von „Blockflöten" beherrschten Szene.
Doch politische Positionen zu den vielfältigen Fragen der deutschen Politik brachte Angela Merkel 1990 nicht unbedingt mit. Sie hatte das westdeutsche Geschehen am Fernsehen verfolgt. Vielen Westdeutschen war nicht klar, dass die Ostdeutschen durch das Westfernsehen jenseits der Mauer nahezu genauso, wenn nicht besser, über den Westen informiert waren wie sie selbst. Eine gewisse Skepsis gegenüber Helmut Kohl habe sie zu DDR-Zeiten gehabt, gibt Merkel später zu. Sie führe das auch auf die mediale Vermittlung des oft bespotteten Kanzlers zurück. Bestimmt kam sie nicht schon als ausgemachte Konservative zur Union, gewiss auch noch nicht als erklärte christliche Politikerin. Nach der Selbstauflösung der DDR am 3. Oktober 1990 verlor sie ihren Job als Regierungssprecherin und wurde zunächst Mitarbeiterin des Bundespresseamtes. Im Wahlkreis Rügen bewarb sie sich bei der ersten gesamtdeutschen Bundestagswahl im Dezember 1990 um ein Mandat und erlangte erstaunliche 48,5 Prozent. Der direkt gewonnene Wahlkreis ist bis heute ihre stabilste Machtbasis. Angela Merkel, noch ein Jahr zuvor 36-jährige, leicht frustrierte, geschiedene Physikerin ohne Perspektive, jetzt Abgeordnete des ersten gesamtdeutschen Parlaments in Bonn. Einen Monat später regiert sie auch noch das Land mit, am Kabinettstisch Kohls. Anfangs habe sie sich gar nicht im Fernsehen anschauen können, sie habe immer lachen müssen, wie sich neben den wichtigen Menschen gesehen habe, vertraut sie 1991 Herlinde Koelbl an.
Sie wird als das „Mädchen" von Kohl geschmäht, als Quoten-

frau und Ossi-Dummerchen abgestempelt. Wie sehr sie unter dem schnellen Abstempeln durch die Journalisten gelitten hat, berichtet sie später. Gewiss war ihr Gewicht im Bonner Zirkus noch nicht groß im ersten Jahr, gewiss war sie auch noch sehr unerfahren. Und doch: Im Nachhinein müssen ihre Ministerjahre als ahnungsvolle Vorboten ihrer künftigen Karriere gelesen werden. Als Frauen- und Jugendministerin bearbeitete sie Familienthemen, die heute wieder ihre eigene

Förderer und Vorgänger: Bundeskanzler Helmut Kohl hat Angela Merkel 1991 zur Ministerin gemacht. Später hat sie als eine der Ersten deutliche Kritik an dem CDU-Übervater geübt. Heute ist sie seine Nachnachfolgerin als CDU-Chefin und Kanzlerin. Im Juni 2006 sprechen beide kurz im Bundestag miteinander.

Kanzlerschaft prägen. Und die Abtreibungsfrage, die sie gleich im ersten Jahr schon berührt, kann als ein Auftakt gesehen werden in den Debatten über den Schutz des Lebens am Anfang und Ende, in der Forschungspolitik und der Fortpflanzungsmedizin. Diskussionen um Gentechnik und Sterbehilfe haben die Jahre bestimmt. Bis hin zu der Debatte um die embryonale Stammzellforschung, in die die heutige Kanzlerin an jenem Dezemberabend 2007 beim Parteitag in Hannover eingegriffen hat, mit kräftigerer Stimme, als es damals die Jugendministerin in der Paragraph-218-Debatte getan hat, aber doch vielleicht mit der gleichen abwägenden Art.

Das Feuerwerk, das Ursula von der Leyen in der Familienpolitik nach der Regierungsübernahme der großen Koalition 2005 zündete, bedeutete für Teile der katholischen Kirche und auch in der Union noch einen Kulturschock. Schon die Einführung des Elterngeldes rührte am klassischen Familienbild. Außerdem brach es mit dem Diktum, Familienpolitik sei Sozialpolitik. Das neue Instrument begünstigt Besserverdienende, um diese zur Entscheidung zu Kindern zu animieren. Unter anderem Familienbischof Kardinal Georg Sterzinsky empfand das als ein großes Ärgernis. Beim Ausbau der Krippenbetreuung brach der Konflikt mit aller Härte und Polemik los. Dafür steht unter anderem der Ausdruck „Gebärmaschinen" von Bischof Walter Mixa, der beklagt, die Frauen würden ihrer Mutterrolle beraubt, wenn sie in den Arbeitsmarkt gedrängt würden. Für Angela Merkel war das Thema Kinderbetreuung und Vereinbarkeit von Familie und Beruf nicht neu. Bereits in der Diskussion um den Abtreibungsparagraphen Anfang der 1990er Jahre hat sie als Bundesministerin für einen Rechtsanspruch auf einen Kindergartenplatz gekämpft. „Besonders wichtig für mich als Jugendministerin ist natürlich der Ausbau der Kindergartenbetreuung", sagt sie am 26. September 1991 im Parlament. Die Kohl-Regierung beschließt schließlich den Rechtsanspruch für Kinder ab drei Jahren.

Dass das noch nicht ausreiche, sagte Merkel schon damals. Sie sorgte dann dafür, dass sich die Programmatik der CDU Anfang des Jahrtausends familienpolitisch klar veränderte. Für die katholische Kirche ist es vor allem die Schwächung des

Instituts der Ehe, die es zu kritisieren gilt. Die sozialdemokratische Formel „Familie ist da, wo Kinder sind" wird zwar von Angela Merkel nicht eins zu eins übernommen. Es heißt in der Union im Grundsatzprogramm von 2007 jetzt: „Familie ist, wo Eltern für Kinder und Kinder für Eltern dauerhaft Verantwortung tragen." Doch scheint einigen das eine windelweiche Formulierung, die mehr oder weniger alles zulässt. Auf jeden Fall ist von Ehe nicht mehr die Rede. Die Ehe aber ist grundgesetzlich geschützt, deswegen beteuert auch die Union ihren Wert. Aber in der Stoßrichtung hat Merkel die Union eben auch auf Kinder ausgerichtet. Das sogenannte Familiensplitting im Steuerrecht wird gefordert, dabei wird dann, aus verfassungsrechtlichen Gründen, ein Abstand zum Ehegattensplitting erhalten bleiben. Dass die Ehe aber auch ohne Kinder einen Wert an sich darstellt, diese Vorstellung ist in der Gesellschaft nicht mehr ganz so stark verbreitet, in der Union nicht, und Merkel vertritt sie auch nicht offensiv.

Die inhaltliche Neuaufstellung der Union, sagen einige, würde ihr den „Markenkern" rauben. Zumindest in einem Politikfeld ändert Merkel die bisherige Positionierung in eine Richtung, die kirchlichen Forderungen entgegenkommt. Die Union versöhnt sich mit der Situation der Zuwanderung in Deutschland. Die große Koalition unter Merkels Führung setzt mit dem Integrationsgipfel und der Islamkonferenz deutliche Zeichen in Richtung eines anderen Umgangs mit Ausländern und Menschen mit Migrationshintergrund in Deutschland. Bundesinnenminister Wolfgang Schäuble ist dabei die Schlüsselfigur. Er, der konservativ-protestantische Kopf, befürwortet den Bau von Moscheen, erklärt, der Islam in Deutschland sei eine Realität, mit der auch die Deutschen sich anfreunden müssten. Gleichzeitig gibt es beim Nachzug von Familienangehörigen, bei Sprachanforderungen und bei der Einbürgerung strikte Regeln, die etwa bei den Grünen oder bei türkischen Verbänden für Protest sorgen. Insgesamt hat Angela Merkel aber einem klassischen konservativen Streitthema die Spitze genommen. Selbst im Hessen-Wahlkampf 2008, als Roland Koch das Thema „kriminelle Ausländer“ benutzen will, schlägt die Polemik kaum mehr auf die Bundesebene durch. Insgesamt hat Merkel auch in Bezug auf Rechtsradikalismus und Vergangenheitsbewältigung eine strikte Linie gezogen. Das hat der Bundestagsabgeordnete Martin Hohmann gespürt, als er nach einer umstrittenen Äußerung aus Fraktion und Partei ausgeschlossen wurde. Einige meinten damals, Merkel habe übereilt gehandelt. Auch Ministerpräsident Günther Oettinger wurde von seiner Bundesvorsitzenden gemaßregelt, als er 2007 bei der Beerdigung von Ex-Ministerpräsident Hans Filbinger dessen NS-Vergangenheit relativierte.

Die Sonne der Gerechtigkeit

2004 hatte die CDU/CSU die Arbeitsmarkt-Reformen der Schröder-Regierung weitgehend mitgetragen. Unter Protest auch aus den eigenen Reihen gab es schon eine Art große Koalition vor der Großen Koalition, in der unter anderem die Hartz-Reformen beschlossen wurden. In der Folge erlebte Deutschland massive Proteste, Demonstrationen, nicht zuletzt eine Stärkung der PDS/Linken und massive Wahlniederlagen sowie Mitgliederschwund für die SPD. In dieser Situation sagte Angela Merkel 2004 bei der Bundestagung des EAK, dass sie „sehr enttäuscht“ sei über Bischof Wolfgang Huber, den Ratsvorsitzenden der Evangelischen Kirche in Deutschland. Sie selbst hatte noch sein Buch „Vor Gott und den Menschen“ vorgestellt und damit eine Art Schulterschluss von ihrer Kirche und der Union zur Schau gestellt. Doch jetzt maßregelt sie die Kritik an den Reformen, obwohl gleichzeitig immer

Reformen angemahnt worden seien. Sie lobt die Sozialworte der Kirchen von evangelischer und auch von katholischer Seite, die für Veränderungen im Sozialsystem geworben hatten. Wenn jetzt kritisiert würde, die Maßnahmen seien nicht zumutbar, müssten auch Alternativen aufgezeigt werden. „Es hat keinen Sinn, sich im Allgemeinen aufzuhalten, denn die Menschen haben ein feines Gespür dafür, ob auch die Kraft besteht, im Konkreten etwas durchzusetzen."[47]

Die soziale Frage war immer ein Konfliktpunkt zwischen den Kirchen und der Union. Da macht die Merkel-Zeit keine Ausnahme. Doch durch den Reformdruck Anfang des neuen Jahrtausends kam Bewegung in den alten Stellungskrieg von Wirtschaftsfreundlichkeit und sozialem Ausgleich. Das umfängliche Sozialpapier der Kirchen von 1997 hatte noch zu Kohls Zeiten für Aufsehen gesorgt, da es eine massive soziale Schieflage brandmarkte. Es war durch einen ausführlichen Konsultationsprozess mit den Mitgliedern zustande gekommen und hatte dadurch eine hohe Akzeptanz. Möglicherweise hatte es zur Abwahl Kohls 1998 mit beigetragen, da es die allgemeine Wechselstimmung beförderte. Die Situation war 2003 eine ganz andere. Mit dem katholischen Papier „Das Soziale neu denken" wurde eine vorsichtige Revision klassischer Sozialpolitik eingeleitet und der Weg hin zu einer Reformpolitik geöffnet. So war etwa das Prinzip „Fördern und Fordern", das sich später in den Arbeitsmarktreformen wiederfindet, dort schon angelegt. Auch die Idee der Eigenverantwortung wurde betont. Doch dieses Positionspapier, das wesentlich von Bischof Reinhard Marx mitgeschrieben wurde, fand noch nicht mal innerhalb der Bischofskonferenz eine Mehrheit. Es gab massive Kritik von Teilen der Kirche an dem Kurs von Kardinal Karl Lehmann, der die Reformpolitik Schröders vorsichtig unterstützte. „Hartz IV habe zu einem Prozess der Verarmung und Entwürdigung geführt", wetterte etwa der katholische Sozialethiker Friedhelm Hengsbach.

Bei Protestanten und Katholiken war die Reformpolitik umstritten, es gab Befürworter und Gegner auf beiden Seiten. Das machte es Merkel einfacher. Wie weit die sozialen Einschnitte gehen dürften oder nicht, dazu gab es nur nach außen

Kardinal Karl Lehmann, langjähriger Vorsitzender der Bischofskonferenz, ist mit Helmut Kohl eng befreundet; das hat auch dessen Kanzlerschaft geprägt. Auch zu Merkel hat Lehmann einen engen Kontakt gepflegt, doch er war von anderem Charakter.

eine einheitliche Meinung. Doch Merkel wehrte sich dagegen, dass die Politik von den Kirchen haftbar gemacht wird, je nach politischer Großwetterlage, innerkirchlicher Stimmung und öffentlichkeitswirksamer Opportunität. Deswegen ihre Bischofsschelte, die zudem ja noch dem ehemaligen Sozialdemokraten Huber galt.

Merkel hatte sich spätestens seit dem Leipziger Parteitag 2003 als marktliberale Leitfigur positioniert. Leistungsbereitschaft und Marktwirtschaft, Wachstum und Freiheit waren ihre Vokabeln, die auch in einen „neoliberalen" Zeitgeist passten. Inzwischen – nach dem knappen Wahlsieg 2005 und angesichts der Wirtschaftskrise – sieht der Wirtschaftsflügel Merkel schon wieder am linken Rand. Doch noch 2006 beim „Wertekongress" der Partei, der im Rahmen der Grundsatzprogramm-Diskussion abgehalten wurde, bringt sie ihre wirtschaftspolitische Überzeugung mit ihrer christlichen Überzeugung zusammen.

„Wettbewerb gilt nicht nur im wirtschaftlichen Bereich. Der Gedanke des Wettbewerbs, verbunden mit dem christlichen Menschenbild, ist ein grundsätzlich sehr interessanter Gedanke. Die Marktwirtschaft – über sozialen Ausgleich habe ich noch gar nicht gesprochen – ist eine großartige Errungenschaft, weil aufgrund der unantastbaren Würde jedes einzelnen Menschen jeder Mensch das gleiche Recht hat, mit einem anderen Menschen in Wettbewerb zu treten."

Sie ist schon fast Kanzlerin, da hält sie 2005 in Hannover auf dem Kirchentag eine Bibelarbeit. Das evangelische Großereignis gerät in den Wahlkampf hinein, nachdem Franz Müntefering und Gerhard Schröder nach der verlorenen Landtagswahl in Nordrhein-Westfalen Neuwahlen angekündigt hatten. Tatsächlich gerät das Großtreffen der Frommen im Mai zu einem politischen Schaulaufen – und es ist für die CDU-Vorsitzende und mutmaßliche Kanzlerkandidatin kein Heimspiel. Die evangelische Kirche ist in ihrem Mainstream eher links, zumindest rot-grün. Die CDU ist eben nicht nur besonders katholisch geprägt, die SPD ist demgegenüber eben auch sehr protestantisch beeinflusst. Das Wahlergebnis 2005 belegt diese traditionelle Milieu-Geografie dann auch immer noch. Eine zumindest relative Mehrheit der Protestanten wählte SPD (40 Prozent), eine deutliche Mehrheit der Katholiken stimmte für die Union (48 Prozent). So ist es kein herzlicher Empfang, den die Protestanten Angela Merkel bereiten, als die über die Kirchenmeile schlendert. Der Pressedienst des Veranstalters selbst vermeldet sogleich, Merkel sei umzingelt von Sicherheitsleuten und treffe keinen Kirchentagsbesucher persönlich. Umweltgruppen demonstrieren in der Nähe der früheren Umweltministerin und werfen ihr die Unterstützung der Atomenergie vor. Vor allem aber ihre vorsichtige Unterstützung für George W. Bush im Irak-Krieg macht sie für viele aus dem evangelisch-kirchlichen Spektrum zur persona non grata. Dennoch: Der Saal 1 im „Convention Center“ war schon eine halbe Stunde vor Veranstaltungsbeginn wegen Überfüllung gesperrt. Angela Merkel sollte an diesem Morgen über den alttestamentarischen Text Maleachi 3 sprechen. Es wird eine theologische Rundfahrt, die wenig tagespolitisch, das heißt wenig Wahlkampf enthält, dafür auffallend viel Kirchenkritik. Bundeskanzler Gerhard Schröder indessen wählt den großen Auftritt und eröffnet draußen auf dem Freigelände vor großer Masse die Veranstaltung – ohne Theologie.

Den Propheten Maleachi, der als einer der „kleinen“ Propheten bezeichnet wird und den Schlusspunkt des Alten Testaments bildet, erklärt Angela Merkel zunächst in seiner Epoche. Es ist eine Krisensituation Israels nach der Rückkehr aus dem Exil, als der Prophet an Gott erinnert. Die Pastorentochter bezieht das auf die Gegenwart und illustriert mit ihrer Bibelarbeit auch ihr Verständnis vom Umgang mit aktuellen Problemlagen. Dabei nimmt sie sich den Begriff der Gerechtigkeit vor, der in den Auseinandersetzungen um die Sozialpolitik und überhaupt bei der Frage nach christlicher Politik die zentrale Rolle spielt. Sie kritisiert die oft „akademischen Gerechtigkeitsdiskurse unserer Tage“ und verweist auf das alttestamentarische Verständnis von Gerechtigkeit, das direkt auf die Gemeinschaft bezogen sei. Sie schwärmt von dem „wunderschönen Bild“ der „Sonne der Gerechtigkeit“, von der der Prophet spricht.

„Gerade vor dem Hintergrund der aktuellen politischen Diskussionen um die Zukunft unseres Sozialstaates finde ich diesen Hinweis interessant: Das hebräische Wort Zedaka, das wir mit Gerechtigkeit übersetzen, ist eigentlich mit praktizierter ‚Gemeinschaftstreue' zu übersetzen. Und zwar Gemeinschaft mit Gott und den Menschen." Gerechtigkeit sei dann nicht mehr ein losgelöster Maßstab, sondern immer „geübte Solidarität", es gehe um zu schützende „Gemeinschaftsverhältnisse", in denen jeder seinen Platz habe. „Gerechtigkeit im Alten Testament blickt auf den Gemeinschaftswillen aller. Und damit ist wirklich jeder – an welchem Platz er auch immer sei – gemeint." Gerechtigkeit sei damit nicht nur eine sozialpolitische Frage. Man könnte ergänzen: Nicht nur eine Frage danach, wie hoch der Regelsatz bei Hartz IV ist.Vielmehr warnt sie in diesem Zusammenhang vor einer Überschätzung der Politik.
„Ich finde den Gedanken inspirierend, dass die sozialen und wirtschaftlichen Probleme, vor denen auch wir gegenwärtig stehen, nicht allein politischer, sozialer und wirtschaftlicher Art sind, sondern auch geistiger (oder sogar geistlicher) Art. Ist unserer Gesellschaft nicht ein Stück weit Orientierung und Bewusstsein um unsere jetzigen Grundlagen verloren gegangen? Müssen wir uns nicht wieder stärker auf unsere Wurzeln und unser Wertefundament bemühen?"
Die Beschwörung einer geistig-moralischen Krise und die Anmahnung einer Wertedebatte gehören durchaus zum Standardrepertoire konservativer Politiker. Helmut Kohl ist mit der Ankündigung einer „geistig-moralischen" Wende nach dem Sturz der Regierung von Helmut Schmidt angetreten. Inwieweit sich dies dann in praktische Politik umsetzten lässt und wie weit andere eine solche Umsetzung dann auch wahrnehmen und akzeptieren, ist eine andere Frage. So fehlt der Verweis auf den Auftrag der Kirchen in diesem Zusammenhang selten, auch bei Angela Merkel nicht. Inwieweit sozusagen die Politik sich dann aus der gesellschaftlichen Schwerstarbeit der

Wertevermittlung heraushalten kann, ist fraglich. Im konkreten Handeln muss sich der Anspruch erweisen, das wäre Merkels Antwort. In dem noch an anderer Stelle zu erwähnenden Gespräch mit Kardinal Joseph Ratzinger 2003 in Rom weist sie seine Forderung nach mehr Christlichkeit in der Union teilweise zurück. Die Kirchen müssten sich um die Christen kümmern und darum, dass diese sich mehr in der Politik einbrächten.

Wie sehr aber die Gerechtigkeitsfrage, neben den anderen Themen, das Verhältnis von Union zu den Kirchen zerrüttet hat, geht aus einem Interview hervor, das Erzbischof Robert Zollitsch als neuer Vorsitzender der Bischofskonferenz im Februar 2008 dem „Spiegel" gab. „Die CDU hat sich stärker neoliberalen Thesen angenähert – und steht dabei in der Gefahr, die ‚soziale Marktwirtschaft' oder das ‚Soziale' nicht mehr genügend im Blick zu haben. Die Nähe zwischen katholischer Kirche und CDU ist deshalb geringer geworden." Wenn das so ist, dann wäre Angela Merkel in ihrer Person dafür sehr stark verantwortlich. Gerade sie hat auch die Neubesinnung auf die Marktwirtschaft betrieben. Nur würde sie es gewiss nicht Abkehr von der sozialen Marktwirtschaft nennen, eher eine Hinwendung.

Lebensschutz und Lebenswirklichkeit

Es war überhaupt erst ihr siebter Auftritt vor dem Hohen Haus. Die Sitzung am 26. September 1991 hatte schon früh am Morgen im Alten Wasserwerk am Bonner Rheinufer begonnen. Das westdeutsche Parlament hatte wiederholt Debatten zur rechtlichen Bewertung von Schwangerschaftsabbrüchen gesehen. Es war nun die erste Aufführung des alten

Stoffs in neuer großer Runde, im wiedervereinigten Deutschland. Mit dabei waren die Abgeordneten von der PDS und einige Mitglieder der Bürgerbewegung der DDR, die sich im Bündnis 90 den Grünen angeschlossen hatten. Auf der anderen Seite des Spektrums alte konservative Haudegen der Union, wie es sie im Parlament nun bald 20 Jahre später kaum noch gibt. Nur der katholische Abgeordnete Norbert Geis (CSU) saß damals und sitzt immer noch im Bundestag, er hat vor 17 Jahren für eine Strafbarkeit von Abtreibung gekämpft und täte das wohl auch heute noch, stünde die Frage an. Angela Merkel ist an diesem Tag, knapp ein Jahr nach der Deutschen Einheit, ziemlich unwichtig, obwohl sie Frauenministerin ist. Sie spricht um 14 Uhr, nach der Mittagspause. Nicht alle Abgeordneten kommen vom Essen rechtzeitig zur Rede Merkels zurück in den Plenarsaal. Die bekannten und wichtigen Vorturner wie Rita Süssmuth (CDU) und Heiner Geißler (CDU), auch Hans-Jochen Vogel (SPD) hatten längst schon gesprochen. Es gab am Vormittag bereits einen heftigen Schlagabtausch mit vielen Zwischenrufen, mit mitunter beleidigenden Untertönen auf beiden Seiten. Was stand zur Debatte: Lebensschutz gegen das Selbstbestimmungsrecht der Frau. Diese eingeübte Konstellation machte auf die Außenstehende Merkel in dieser unversöhnlichen Konfrontation einen geradezu erschreckenden Eindruck.

Auf der Tagesordnung stand die Neufassung des Paragraphen 218 des Strafgesetzbuches, der die Strafbarkeit von Schwangerschaftsabbrüchen regelt. Diese Neufassung des Gesetzes, das in der Ursprungsfassung noch aus dem Kaiserreich stammt, war nötig geworden, da durch die Wiedervereinigung die Rechtslagen in Ost und West angeglichen werden mussten. Bei den Verhandlungen zum Einigungsvertrag hatte man sich nicht auf eine gemeinsame Regelung verständigen können. Kohl soll deswegen getobt haben, weil Lothar de Maizière in der Frage nicht nachgegeben hat. Deswegen wurde der gesamtdeutsche

Bundestag beauftragt, die Rechtseinheit in dieser Angelegenheit wieder herzustellen. In der DDR galt seit 1972 eine liberale Fristenregelung. In der Bundesrepublik Deutschland hingegen eine sogenannte Indikationsregelung. Die besagte, dass Abbrüche nur in vier verschiedenen Fällen straffrei bleiben.

Angela Merkel besucht im April 2007 den Festgottesdienst aus Anlass des 80. Geburtstags von Papst Benedikt XVI. in der Berliner Hedwigs-Kathedrale. Am Rande der Veranstaltung spricht sie mit Kardinal Joachim Meisner (M), Erzbischof Erwin Josef Ender (r) und Georg Kardinal Sterzinsky.

Bei der Fristenregelung hingegen war lediglich die Einhaltung einer Dreimonatsfrist die Hürde für die Straffreiheit. Die vier im Westen gültigen Kriterien waren die medizinische, die kriminologische, die eugenische und die soziale Indikation.

Die gegnerischen Positionen gipfelten in Aussagen etwa der Abgeordneten Christina Schenk (Bündnis 90, später PDS), Abtreibung müsse legales Mittel der Familienplanung sein, da Verhütungsmittel gesundheitliche Schäden bei der Frau verursachen könnten. Schenk hatte sich zu Zeiten der DDR in der evangelischen Kirche und bei der Opposition engagiert. Ihre Position sorgte für erhebliche Proteste bei der CDU/CSU-Fraktion. Bis hin zu jenem schon erwähnten Norbert Geis, der darauf verwies, dass eine Straffreiheit bei vorgeburtlicher Kindstötung durch Abtreibung jeglicher Grundlage im Rechtssystem entbehre.

Zur Debatte standen, grob gesagt, zwei Entwürfe. Im tatsächlichen parlamentarischen Verfahren gab es weitere Anträge, die Minderheitenpositionen wiedergaben. Der eine Vorschlag einiger SPD-Parlamentarier, der auch von der FDP unterstützt wurde, sah vor, eine veränderte Fristenregelung mit Beratungsangebot auch im Westen einzuführen. Auf der anderen Seite stand ein Unions-Entwurf, zu dem sich die Abgeordneten von CDU/CSU auch nur mit Mühe hatten durchringen können. Er enthielt eine Indikationslösung, die allerdings leicht verschärft war gegenüber dem geltenden Recht, da ein Arzt die letztendliche Entscheidung über die Abtreibung, das heißt über die Lage der Frau, treffen sollte.

Angela Merkel scheiterte mit ihrer Rede. Das wird ihr, so viel lässt sich sagen, in Zukunft so nicht noch mal passieren. Gegen ihre innere Überzeugung verteidigt sie den Unions-Vorschlag. Doch dafür ist sie eine zu ehrliche Haut, das merkt die Opposition – und nicht nur die. Sie beginnt ihre Rede, indem sie Verständnis für die Situation der Frauen äußert. Sie warnt vor einer unsachlichen Debatte und Übertreibungen. Doch gerade diese Besänftigungen besänftigen keinen, sondern offenbaren eher ihre inhaltliche Unsicherheit.

„Es macht mich betroffen, wenn die Entscheidung, die wir zu treffen haben, mit dem Schießbefehl an der Mauer gleichgesetzt wird. Ich vermute, dass sich auch die allermeisten katholischen Christen, die sich um eine vernünftige und sachgerechte Lösung bemühen, in dieser Frage bei einem solchen Vergleich missverstanden fühlen."

Davon kann Angela Merkel natürlich ganz und gar nicht ausgehen, dass die Katholiken solche Vergleiche für überzogen halten, vielmehr hatte die verbale Aufrüstung erst begonnen. Fuldas Erzbischof Johannes Dyba hatte damals gerade zum ersten Mal vom „Baby-Holocaust" gesprochen. Kardinal Meisner stimmte wegen der Abtreibungsfrage seine Litanei vom Streichen des „C" an. Schon der Unions-Entwurf galt vielen Bischöfen als Sündenfall. Dass die CDU-Jugendministerin, die zaghaft diesen Entwurf verteidigt, doch eigentlich eine Fristenlösung sich vorstellen könne, auf ihrer Seite stünde, kam gewiss keinem in den Sinn. Spätestens hier beginnt die Geschichte des Verhältnisses von Angela Merkel und der katholischen Kirche. Und spätestens hier bekam sie den Stempel aufgedrückt, eine ostdeutsche Liberale zu sein. Dass sie Protestantin ist, fiel unter den Tisch.

In der Debatte bekam die SPD noch die Gelegenheit, sie vorzuführen. Natürlich könne nur die Frau allein entscheiden, ob ihre Lage so schwerwiegend sei, dass sie einen Abbruch in Erwägung ziehe, erklärte Merkel. Die Zwischenrufe kamen prompt. Denn im Unions-Entwurf wurde ja gerade dem Arzt die abschließende Entscheidung aufgebürdet. Merkel verteidigt sich noch. Aber im Grunde war klar, Merkel war in dieser Frage nicht stark, sondern schwach.

Ganz am Ende des Prozesses, einige Jahre später, soll Angela Merkel ungefähr die Regelung bekommen, die ihr von Anfang an vorschwebte. Nämlich eine Indikationsregelung mit Beratungspflicht, die aber die Entscheidung letztlich der Frau überlässt. Das ist seit dem 1.Oktober 1995 in Kraft und heute geltendes Recht. Bis dahin gab es einige Abstimmungen, ein Urteil des Bundesverfassungsgerichts, neue Debatten und weitere Abstimmungen. Für Angela Merkel blieb es die ganze Zeit ein Drahtseilakt. Sie verwendet in den späteren Debatten die Formel von „Helfen statt Strafen", um ihre Position zu charakterisieren. Vermutlich hatte sie sie im Bundestag selbst gehört. Denn sie stammte von Hans-Jochen Vogel, er hatte sie bereits an diesem 26. September 1991 verwandt. Er selbst, überzeugter Katholik, war auch einer, der in dieser Frage vermitteln wollte. Nur war er damals noch weitaus erfahrener als sie.

Am 25. Juni 1992 stimmt der Bundestag über die vorliegenden Entwürfe ab. Der Gruppenantrag, der mehrheitlich von der SPD unterstützt wurde, setzt sich durch. Der Kohl-Regierung wurde erstmals nach zehn Jahren eine Niederlage beigebracht – mit Hilfe von 32 Unions-Abgeordneten, die nicht dem eigenen Entwurf folgten. Angela Merkel gehörte nicht dazu, doch bei der entscheidenden Abstimmung enthielt sie sich der Stimme. Das allein war schon ein sehr deutliches Signal.

Ihr Verwirrspiel wurde noch undurchsichtiger dadurch, dass sie angeblich die Klage beim Verfassungsgericht gegen das Fristenlösungs-Gesetz unterstützt hat. Sie hat das wiederholt behauptet, doch ihre Unterschrift findet sich, wie Gerd Langguth herausgefunden hat, nicht unter der Klageschrift. Sie entgegnet darauf, sie habe die Klage aber politisch unterstützt. Der Druck von Fraktionschef Wolfgang Schäuble, der Klage beizutreten, war wohl groß. Das Karlsruher Urteil schließlich, das die Regelung verwarf, konnte sie wieder aus vollem Herzen unterstützen. Denn sie war ja für einen anderen Mittelweg, der sich bis dahin nirgendwo politisch wiedergefunden hatte.

Auch Helmut Kohl blieb in dieser Frage nicht eindeutig. Seine Haltung illustriert gut seinen Umgang mit kirchlichen Positionen und kirchlicher Einflussnahme. Er musste für eine einigermaßen der katholischen Haltung konforme Regelung kämpfen. Alles andere hätte seine Wählerklientel ihm verübelt.

„Der Spiegel", der allerdings in dieser Frage sehr kämpferisch auftrat, überliefert die Kohl-Äußerung: „Wir zeigen Flagge und gehen kämpfend unter." Kirche ist nicht mehr gleich Union, diese Debatte war ein weiterer großer Schritt zu Säkularisierung der Partei. Dass Angela Merkel in diesen Prozess passte, besonnen, ohne besonderen Eifer, das wusste auch Kohl. Sie selbst nennt die Neuregelung des Paragraphen 218 ihre größte Bewährungsprobe des ersten Jahres. Im Rückblick, wenige Monate nach der Abstimmung, sagt sie:

„In der Diskussion über diese Frage bin ich nur auf Menschen gestoßen, die eine klare, eindeutige Meinung vertraten. Innerhalb der Union war die Auseinandersetzung besonders heftig. Ich habe mich dafür eingesetzt, die Auseinandersetzung stilvoll, also ohne Diffamierung unbequemer Ansichten zu führen. Ich habe mir gesagt, wenn ich schon meine Meinung nicht ohne Abstriche durchsetzen kann, will ich wenigstens zu einer Lösung beitragen, mit der ich leben kann. Während der ganzen Auseinandersetzung war der Druck von allen Seiten, auch der öffentliche Druck, so stark, dass ich am Schluss kaum noch wusste, was ich selber will. Das hat meine eigene Entscheidung so schwer gemacht. Im Bundestag habe ich mich dann doch für den CDU-Antrag ausgesprochen, obwohl er in einem wichtigen Punkt nicht meiner Auffassung entsprach."[48]

Viele Jahre später, im Jahr 2008, schlendert Angela Merkel, mittlerweile Bundeskanzlerin, in Osnabrück über den Katholikentag. Sie besucht Vinzentinerinnen. Die Ordensfrauen im traditionellen schwarz-weißen Habit mit Haube kümmern sich um alte Menschen in Senioreneinrichtungen des Ordens. Das passt thematisch und gibt ein gutes katholisches Bild ab, dachte sich der Referent bei der Vorbereitung und plante die Schwestern deswegen in den Rundgang ein. Ein ökumenischer Termin fehlt bei ihrer Visite. Es soll als Signal verstanden werden, dass sich die Protestanten den Katholiken auch zuwenden können, ohne fortwährend mit der eigenen Herkunft zu nerven. Doch ganz ohne „Nerven" kommt der Besuch Merkels in Osnabrück nicht aus. Sie geht bei den „Kolpingern" vorbei und bei den Jugendlichen. Aber nur an einem einzigen Stand, einem kleinen Zelt mit Tisch, Stühlen und einer Kaffeemaschine, setzt sie sich und verweilt. Ein Schreckensszenario für die Sicherheitskräfte: Warum sucht die Bundeskanzlerin sich denn ausgerechnet diese kleine, enge Nische aus, um mit ein paar älteren Damen zu plaudern? Das war sicherheitstechnisch kaum zu kontrollieren. Es ist das Zelt von „Donum Vitae", es begrüßt sie die langjährige Vorsitzende und einstige Präsidentin des Zentralkomitees der deutschen Katholiken, Rita Waschbüsch. Die Frauen umarmen sich, so viel Herzlichkeit überrascht inmitten des Trubels, der Hektik, der Schaulustigen. „Donum Vitae" heißt „Geschenk des Lebens" und ist ein Verein von katholischen Laien, der deutschlandweit die sogenannte Schwangerenkonfliktberatung anbietet. Jene Beratung, die nach dem geltenden Recht vorgeschrieben ist, will man einen Schwangerschaftsabbruch vornehmen lassen. Um diese Pflichtberatung hatte es in den 1990er Jahren einen bis dahin ungekannt heftigen Streit in der katholischen Kirche gegeben. Rom verlangte den Ausstieg aus dem Beratungsangebot, da es mit dem sogenannten Beratungsschein den Freibrief zur Abtreibung liefere. Viele Bischöfe, Laien und katholische Politiker wünschten sich einen Verbleib der Kirche im staatlichen Beratungssystem, da die kirchlichen Stellen besser als andere helfen könnten, Abtreibungen zu verhindern. Es war ein Lehrstück im Streit zwischen Pragmatik und Prinzip. Klar, dass Angela Merkel auf der Seite der Pragmatik stand. Die Kirche stieg aus, weil Rom es so angeordnet hatte. Laien gründeten „Donum Vitae", der Verein ist seitdem innerhalb und außerhalb der Kirche geliebt und gehasst – je nach Überzeugung. Die Bundeskanzlerin der Bundesrepublik Deutschland hat ein deutliches Signal der Solidarisierung mit „Donum Vitae" gesetzt. Das ist gegenüber den Bischöfen nicht sonderlich diplomatisch, auf diesem Teil des Rundgangs blieb sie auch ohne bischöfliche Begleitung.

Damit bleibt die Abtreibungsfrage bis heute ein Politikum, zumal im Verhältnis von katholischer Kirche und Politik. Und damit bleibt der Kanzlerin auch bis heute eine deutliche Distanz erhalten, die Kohl so hat nicht entstehen lassen. Auch wenn er vielleicht in der Sache in Teilen ähnlich dachte wie Merkel. Wie sehr Merkels Umgang mit diesem Fragenkomplex für Unmut sorgen kann, zeigt sich auch an einem Beispiel aus dem Jahr 1999. Diskutiert wurde damals die Zulassung der Abtreibungspille Ru 486. Die Politik solle sich in dieser Frage heraushalten, da es um medizinische Gesichtspunkte ginge, hatte Merkel erklärt. Solch eine Äußerung musste geradezu als Provokation verstanden werden, als Unfähigkeit gar, mit diesem Thema angemessen umzugehen. Werner Remmers, ehemaliger CDU-Landesminister und prominenter Vertreter eines politischen Katholizismus, griff seine eigene CDU-Generalsekretärin darauf deutlich an. In einem Beitrag für die Zeitung „Die Welt" schrieb er, der auch Mitglied im Zentralkomitee der deutschen Katholiken (ZdK) war: Die Kirche müsse überlegen, ob für sie Parteien noch von Bedeutung sein könnten, die sich aus „Lebensfragen der Gesellschaft heraushalten" wollen.

Anfang des neuen Jahrtausends tritt ein weiteres Themenfeld in die öffentliche Debatte, welches die Kirchen stark politisiert hat und das die Kirchen stark hat Politik treiben lassen. Im Zentrum steht die Diskussion um die embryonale Stammzellforschung. Damit im Zusammenhang stehen dann alle ethischen Grundfragen der Gentechnik generell und der Fortpflanzungsmedizin. Die Ausgangslage für diese Debatte war bei Angela Merkel eine ganz andere als bei der Abtreibungsdiskussion. Zunächst war sie persönlich als Physikerin und Naturwissenschaftlerin besonders „nahe dran" an Fragen der Forschungsfreiheit, an Fragen der Grenzen von Wissenschaft und der ungeahnten Möglichkeiten, die Erkenntnisse aus der Forschung für die Menschen mit sich bringen können. Sie sagte selbst einmal im Bundestag, sie könne den „Drang“ der Forscher in der Biomedizin gut nachvollziehen. Zum Zweiten setzt diese Debatte verstärkt im Jahr 2001 ein, da befindet sich Angela Merkel schon auf einer ganz anderen Stufe ihrer Karriere, vor allem auf einem anderen Level ihrer persönlichen, politischen Entwicklung. Sie ist nicht mehr – anders als noch 1991/92 – Neueinsteigerin, nur ein Teil der CDU, eine stellvertretende Vorsitzende ohne viel Hinterland. Sie ist die Vorsitzende der Volkspartei CDU, die Nachfolgerin von Kohl und Adenauer. Aber die CDU regiert nicht mehr. Das heißt, an konkretes Regierungshandeln, an die Umsetzung von politischen Vorstellungen ist gerade nicht zu denken. Außerdem steht eine Bundestagswahl vor der Tür, die erste, die Angela Merkel als Kopf der CDU zu führen hat.

Als der Bundestag Ende Januar 2002 das Stammzellgesetz verabschiedet, da hat Angela Merkel gerade eine ganz andere Entscheidung hinter sich. Am 11. Januar hatte sie beim berühmten Frühstück in Wolfratshausen Edmund Stoiber die Kanzlerkandidatur der Union angetragen und geht dadurch einer parteiinternen Niederlage aus dem Weg. Sie wusste, dass führende Landesverbände die gleiche Entscheidung gegen sie als Spitzenkandidatin auch ohne ihre Zustimmung hätten durchdrücken wollen. Sie hatte zunächst also eine große Niederlage einzustecken im Kampf um die Kanzlerschaft, hat aber schließlich auf längere Sicht gesehen gewonnen, da sie sich die Niederlage gegen Schröder im Herbst 2002 erspart hat. Und sie hat die große parteiinterne Niederlage umschifft, da sie selbst zu Stoiber gefahren ist. Nach der Bundestagswahl wird sie auch Oppositionsführerin im Bundestag und löst gegen dessen Willen Friedrich Merz ab. Ein Schritt, der immer wieder als besonders kühler machtstrategischer Schachzug interpretiert worden ist, obwohl es nur folgrichtig war, die Doppelspitze aus Parteivor-

sitz und Fraktionsführung anzustreben. Die Legende von der männermordenden Merkel wird weitergestrickt.
Diese Geschichte hat ihren Anfang im Ende der Ära Kohl. Nach dessen Wahlniederlage 1998 verliert Angela Merkel auch ihr Ministeramt. Sie wechselt in die CDU-Parteizentrale ins Konrad-Adenauer-Haus und wird neue Generalsekretärin der Partei unter dem Kohl-Nachfolger im Amt des Parteivorsitzenden, Wolfgang Schäuble. Die ersten Jahre der Opposition werden für die Union zum Höllentrip. Die sogenannte Spendenaffäre bringt die CDU an den Rand eines Ruins. Mit ihrem Zeitungsbeitrag in der „Frankfurter Allgemeinen Zeitung" vom 22. Dezember 1999 fordert sie ihre Partei auf, sich von ihrem Übervater loszulösen und die Zukunft selbst in die Hand zu nehmen. Sie würdigt die Verdienste Kohls, um gleichzeitig zu erklären, dass seine Zeit endgültig zu Ende ist. Es ist der mutigste Schritt ihrer bisherigen Karriere, wie sie selbst sagt. Kohl legt den Ehrenvorsitz nieder, Angela Merkel gewinnt an Profil. Dieser Text begründet ihren Ruf, auch gegen Denkmäler anrennen und furchtlos seien zu können.
Im weiteren Verlauf des Spendenskandals gerät auch Schäuble in den Verdacht, unsachgemäß Geld angenommen zu haben. Angela Merkel hatte zur Stabilisierung der Stimmung an der Parteibasis Regionalkonferenzen angesetzt. Nach dem Fall Schäubles werden diese nacheinander stattfindenden Diskussionsrunden mit der Generalsekretärin überall in der Republik, die nicht im Statut der Union vorgesehen sind, zu einer ungeplanten Werbetour für Merkel. Trotz einiger Widerstände und des Versuchs einiger Altvorderer wie Kurt Biedenkopf und Volker Rühe, sie zu verhindern, macht „Angies Roadshow" sie zur Favoritin für den Parteivorsitz. Am 10. April 2000 wird die geschiedene Pastorentochter aus der ostdeutschen Provinz zur Vorsitzenden der Christlich Demokratischen Union Deutschlands gewählt. Zum ersten Mal eine Frau an der Spitze der Konservativen, nach Ludwig Erhard und Wolfgang Schäuble

zum dritten Mal ein Protestant als Vorsitzender der CDU. Nie zuvor hatte die CDU an der Spitze jemanden, der geschieden und wiederverheiratet war und keine eigenen Kinder hat. Die oft Geschmähte gehört inzwischen, im Jahr 2008, schon zu den dienstältesten der insgesamt sieben CDU-Chefs seit 1949. Nur Adenauer mit 16 und Helmut Kohl mit 25 Jahren sind ihr, was die Amtszeit angeht, noch weit voraus.

Ihre erste Rede im Bundestag zum Thema Stammzellforschung hält Angela Merkel am 31. Mai 2001. Vor ihr sprach der SPD-Fraktionsvorsitzende Peter Struck. Er hatte gerade dafür geworben, diese Debatten in bioethischen Fragen und vor allen daraus resultierende Entscheidungen ohne die sonst übliche Fraktionsdisziplin zu führen. Jeder solle allein nach seinem Gewissen zu seinem Votum kommen. Doch bis zu einer Entscheidung war es noch etwas hin, der Bundestag beschäftigte sich an diesem Tag mit diesen Themen, zu denen auch die Frage der Präimplantationsdiagnostik zählte, allein zur Meinungsbildung. Angela Merkel beginnt mit einem Satz, der eigentlich genügt, die ganze Debatte bis ins Jahr 2008 zu bestehen. „Menschliches Leben beginnt mit der Verschmelzung von Ei- und Samenzelle.“ Damit stellt sie sich auf den Boden katholischer und christlicher Lehre, damit setzt sie für sich zunächst einmal den höchsten ethischen Standard. Sie sagt es so: „Das ist für mich der Fixpunkt in der heutigen Debatte, und das ist für mich in der christlichen Verantwortung vor Gott begründet.“

Doch diese kurze Rede aus dem Jahr 2001 liest sich wie eine Vorwegnahme dessen, was danach noch kommen sollte an Hin und Her und schwieriger Suche nach einem Kompromiss. „Wir müssen aufpassen, dass wir einen solchen Fixpunkt“, so sagt die Parteivorsitzende, „nicht deshalb verschieben, weil wir gerne zu manchen Entscheidungen kommen würden, die mit diesem Fixpunkt nicht vereinbar sind.“ Da klingt noch der hohe ethische Anspruch an. Doch dann schiebt sie einen weiteren Satz nach, der mehr vernebelt als er verdeutlich. Man könnte auch sagen, den ethischen Anspruch kurzerhand noch wegwischt. „Ein solcher Fixpunkt verschafft Klarheit. Er ist aber nicht starr und gibt deshalb auf viele Fragen, die uns gestellt werden, keine abschließenden Antworten." Ein Fixpunkt, der nicht starr, also nicht fix ist? Das ist wohl wie ein Standpunkt, den man abläuft oder umkreist, aber eben in Wahrheit gar nicht einnimmt, nicht hat. Angela Merkel will sich nicht festlegen – so viel ist klar. Vielleicht ist sie auch gar nicht festgelegt, weil sie nicht festgelegt sein will. Solche Debatten und weitere Beiträge belegen ihre Rolle als Moderatorin, die lange mit der eigenen Entscheidung wartet, um dann ganz am Schluss eine Entscheidung zu fällen, die möglichst mit den eigenen Überzeugungen konform geht, aber auch die ganze Partei mitnimmt, alle Bedenkenträger irgendwie besänftigt – und schließlich auch in der ganzen Gesellschaft vermittelbar ist. Sie will die Christen in der Partei, die Lebensschützer nicht verärgern, gleichzeitig gibt es viele, die Hoffnungen mit der Forschung verbinden. Die Debatte am 31. Mai 2001 hat mehr Fragen aufgeworfen, als dass sie welche beantwortet hätte. Angela Merkel sagt im weiteren Verlauf der Rede, embryonale Stammzellen zu nutzen, verbiete das Embryonenschutzgesetz. Sie verlange ein Moratorium, bis es im Bundestag eine Einigung gibt, „ob wir Forschung an embryonalen Stammzellen wollen oder nicht". Der Vergleich mit der Debatte um die Abtreibungsfrage also bietet sich an. Angela Merkel persönlich favorisiert die liberalere Regelung, nimmt aber Rücksicht auf christliche oder anders gelagerte Kritiker, die den Schutz des Lebens im frühen Stadium hochhalten. Sie ist es nicht selbst, die hier die vermeintlich christlich-kirchliche Fahne schwingt.

Die embryonale Stammzellforschung ist in Deutschland einer breiteren Öffentlichkeit seit dem August 1999 bekannt. Damals gelingt es dem Bonner Forscher Oliver Brüstle, embryonale Mausstammzellen in Hirnzellen zu verwandeln. Solche und ähnliche Forschungsergebnisse nähren die Hoffnung, diese Forschung könne, auf den Menschen angewandt, zu Heilung schwerer Krankheiten wie Alzheimer führen. So könnten aus menschlichen embryonalen Stammzellen neue menschliche Nervenzellen entstehen, die dann die geschädigten Zellen ersetzen würden. Doch diese Vision ist noch weit entfernt von einer Umsetzung, Kritiker sehen unüberwindbare Hürden, um eine solche Therapie mit Stammzellen möglich werden zu lassen. Vor allem aber, so wird befürchtet, würden dazu immer mehr menschliche Embryonen getötet werden müssen. Diese sogenannte verbrauchende Embryonenforschung würde menschliches Leben zur Ware machen. Wenn aber, wie Angela Merkels Fixpunkt besagt, menschliches Leben mit der Verschmelzung von Ei- und Samenzelle beginnt, dann würde doch auch dem Embryo die Menschenwürde zustehen. Eine Nutzung, auch zum Wohle anderer, dürfte es dann nicht geben.

Am 2. Mai 2001 setzt Bundeskanzler Gerhard Schröder den Nationalen Ethikrat ein, der sich vor allem mit den ethischen Fragen der modernen Biowissenschaften beschäftigen soll. Es gibt Streit um die Besetzung, die Kirchen sind aber mit offiziellen Vertretern dabei. Am 3. Mai wendet sich die Deutsche Forschungsgemeinschaft mit einem Plan an die Bundesregierung, der vorsieht, deutschen Forschern die Herstellung und Verwendung von embryonalen Stammzellen zu ermöglichen. Am 18. Mai hält Bundespräsident Johannes Rau eine Grundsatzrede, in der er die Forschung an embryonalen Stammzellen für ethisch nicht verantwortbar erklärt. Am 31. Mai diskutiert der Bundestag. Angela Merkel wirft dem Kanzler vor, sich nicht eindeutig genug gegenüber den Forschern zu positionieren. Doch der Vorwurf geht ins Leere, denn sie selbst hält sich im Vagen auf. Eine einheitliche Positionierung der Union war überhaupt noch nicht erkennbar.

Der Antrag, der dann am 30. Januar 2002 die Mehrheit im Bundestag erhält, ermöglicht den Import von im Ausland hergestellten embryonalen Stammzellen. Für beide Kirchen ist damit der „Dammbruch“ passiert. Denn das Embryonenschutzgesetz, das eine Herstellung solchen Materials durch Tötung von Embryonen verbietet, wird umgangen. Ein Stichtag soll gewährleisten, dass sich keine Anreizwirkung aus dieser Regelung ergibt. Angela Merkel in einer vorweggenommenen großen Koalition unterstützt jetzt zusammen mit Bundeskanzler Gerhard Schröder diesen Kompromiss-Entwurf, den im Vorfeld vor allem ein Kreis christlicher Abgeordneter mit Mitgliedern aus allen Fraktionen erarbeitet hatte. Die katholische Position, nämlich ein Verbot des Imports, taucht in einem gesonderten Antrag auf, der jedoch keine Mehrheit fand. Die Schreiber des Kompromisses hatten so erreicht, dass die Tür „nur einen Spalt weit“ geöffnet wurde und nicht, wie andere wollten, deutlich weiter. Die CDU-Chefin konnte sich so hinter einen Entwurf platzieren, der, so sah sie es, dem von ihr ein Jahr zuvor benannten Fixpunkt noch gerecht wurde und gleichwohl anerkannte, dass es nun mal diese Stammzelllinien schon gab und deswegen eine Forschung mit ihnen durchaus sinnvoll schien. Sie warnt weiterhin vor verbrauchender Embryonenforschung und wirbt in ihrer Rede für die adulte Stammzellforschung. Doch im Kern will sie die Forscher nicht ausschließen von der Weltgemeinschaft der Wissenschaft. Wir leben in einer „Gesamtwelt“, aus der dürfe man sich nicht verabschieden. Im Bundestag bleibt sie in diesem uneindeutigen Sowohl-als-auch-Ton der Parteichefin.
Ein halbes Jahr zuvor, am 16. Juni 2001, steht sie früh morgens in Frankfurt am Main in der Messehalle 7 am Pult. Ihr Thema: Wunder. Da wird sie deutlicher. Da spricht sie aus, was viele auch in der Unions-Bundestagsfraktion, so auch der evangelische Pfarrer und frühere Generalsekretär Peter Hintze, den-

ken: Die „Ethik des Heilens“ dürfe nicht aus dem Blick geraten. Damit ist gemeint, auch die Möglichkeit, durch embryonale Stammzellforschung vielleicht einmal Menschenleben retten zu können, bedürfe einer moralischen Bewertung. Wer also auf die Forschung verzichte, der verhindere diese Hilfe in einem eventuellen Fall. Macht sich womöglich auch schuldig dadurch, dass er es unterlässt, Leben zu retten.
Wundern steht Angela Merkel äußerst skeptisch gegenüber. Sie spricht zu dieser frühen Stunde auf dem Deutschen Evangelischen Kirchentag. Es ist eine Bibelarbeit, diesmal zu einem Text aus dem Markus-Evangelium. Es ist die Geschichte von der Auferweckung der Tochter des Jairus und der Heilung einer kranken Frau. „Das ist eine wundersame Geschichte“, sagt sie. „Ich weiß nicht, wie es ihnen geht. Ich finde, es ist auch eine strenge Geschichte.“[49] Jesus geht zu dem Mädchen, als alle schon wissen oder zu wissen glauben, dass sie tot ist. „Warum schreit und weint ihr“, sagt er. „Das Kind ist nicht gestorben, es schläft nur.“ Angela Merkel interpretiert das als ungeheuer „hartes“ Element der Geschichte. „Wer den Glauben nicht hat, kann Jesu Worte nur als völlig unpassend empfinden.“ Sie selbst gibt zu, hier zu zweifeln, unsicher zu sein mit dieser Stelle. „Zumindest tue ich mich schwer damit, wider alle Vernunft und Erfahrung zu sagen: Jawohl das Kind ist gar nicht tot, es schläft nur.“ Merkel nimmt diese Geschichte, um die schwierigen Fragen von Glaube und Wissenschaft für sich auseinanderzunehmen. Wie weit reicht das Handeln der Menschen, wie weit das Gottes? Die kleine Bibelarbeit am frühen Sommermorgen enthüllt die tiefen Überlegungen der CDU-Vorsitzenden zu diesem schwierigen Feld. Es scheint so, dass sie in dieser geschützten Form der Textauslegung abseits des Taktierens in einer Volkspartei ihren eigenen Überlegungen freien Lauf lässt, obwohl auch in diesem Fall möglicherweise ein kluger Referent im Konrad-Adenauer-Haus damit beauftragt war, die Rede zu verfassen. Einer ihrer Reden-

schreiber sagte einmal dazu, sie würde sogar merken, ob ein verwendetes Bibelzitat aus der Lutherübersetzung stamme oder aus der Einheitsübersetzung. Und gegebenenfalls einen Korrekturwunsch an den Rand schreiben.

Für Angela Merkel ist der Text aus dem Markus-Evangelium Anregung, über den eigenen Glauben und das eigene Handeln nachzudenken. Dabei liegt die Betonung auf Nachdenken. Sie schließt nicht aus dem Text etwa auf eine Handlungsanweisung oder eine direkte Botschaft, die eine Glaubenslehre beinhalten würde. Also etwa: Nur Gott ist Herr über Leben und Tod und deswegen Hände weg von einer Forschung, die sich in diesem Grenzbereich aufhält. Ganz im Gegenteil, sie deutet die Geschichte auf den Menschen hin, niemals jemanden aufzugeben. Für sie ist Krankheit auch ein soziales Problem, Menschen alleine zu lassen, sie ihrem Leid zu übergeben, alles das sei auch nicht eben gottgefällig.

„Die Frau leidet an einer Krankheit, deren Folgen klar erkennbar sind – für sie und ihre Mitmenschen: Letztere haben massive Berührungsängste … Kein Wunder, dass diese Frau von Arzt zu Arzt geirrt ist und immer wieder versucht hat, ihr Leiden abzuschütteln." Hier zieht Angela Merkel die Brücke zur aktuellen Diskussion und in unsere heutige Zeit: „Eine solche Situation des Immer-auf-der-Hut-sein-Müssens ist für Menschen unwürdig. Das sollten wir uns immer wieder vor Augen halten, wenn wir über die Gentechnologie streiten. Dann haben wir manchmal sehr schnelle und sehr klare Antworten bereit, aber das faktische Leiden von Menschen bleibt bestehen."

Was vor allem auffällt: Die CDU-Vorsitzende hat in diesem Zusammenhang weder im Bundestag noch bei einem Parteitag jemals von Gott gesprochen. Sie hat ihre Position niemals selbst ethisch begründet, sondern von Abwägen geredet und davon, dass das Grundprinzip hochgehalten werden müsse, nämlich, dass der Embryo geschützt werden muss. Hier aber auf dem Kirchentag nimmt sie für sich auch Gott in Anspruch und fragt rhetorisch. „Aber haben wir nicht von Gott den Auftrag erhalten, Leiden zu lindern und Kranken zu helfen? Ist es nicht natürlich und gottgewollt, Krankheiten zu bekämpfen? Nicht mehr tut diese Frau auch – von Arzt zu Arzt."

Und es scheint ein direkter Hinweis zu sein, auf die katholische und evangelische Kirche, auf große Teile in ihrer Partei, wenn sie als politische Konsequenz noch anmahnt, weniger ideologisch, weniger eindeutig in dieser Debatte zu sein als vielmehr eben abwägend, was sie immer tut und was ihr als Haltungslosigkeit immer gerne vorgeworfen wird.

„Die Geschichte der Menschheit ist durchsetzt von Versuchen, jeweils ein Stück weit besser mit Krankheiten umgehen zu können. Deswegen rate ich dazu, die Debatte um Chancen und Risiken der Gentechnologie nicht so radikal zu führen, dass wir am Ende die Ethik des Heilens aus den Augen verlieren."

Konkret nimmt sie noch Bezug auf die Präimplantationsdiagnostik, bei der es um die Frage der Selektion von Embryonen im Reagenzglas und damit außerhalb des Mutterleibs geht. Sie sei sich „unsicher", sagt sie. „Ich meine, dass die Gentechnologie nur dort ihre Grenzen hat, wo sie in das Leben anderer eingreift." Bei der Stammzellforschung ist das aber der Fall, wenn man annimmt, dass Embryonen schon menschliches Leben sind. Dieses Dilemma löst sie auch in diesem Beitrag nicht auf, sie weist aber in die Richtung, in die sie denkt.

Die erneute Debatte beginnt schon Anfang 2006. Anders als noch 2002 regiert die CDU jetzt mit. Angela Merkel ist Regierungschefin, die Katholikin und langjährige Vizepräsidentin des Zentralkomitees der deutschen Katholiken, Annette Schavan, ist ihre Forschungsministerin. Dass die Frage wieder auf die Tagesordnung kommen würde, war allen klar, trotz gegenteiliger Beteuerungen. Annette Schavan wusste wohl, dass es gerade ihr zufallen würde, diese Debatte noch mal neu aushalten zu müssen. Die Bundesregierung wolle den Stammzellkompromiss nicht ändern, hatte sie zu Beginn der Regierungszeit erklärt, von der Bundesregierung werde keine entsprechende Initiative ausgehen. Es kam anders. 2006 scheiterte Annette Schavan mit dem Versuch, in Brüssel für die EU-Ebene eine dem deutschen Modell ähnliche Stichtagsregelung durchzusetzen. Die Europäische Union entschied gegen ihr Votum, künftig Stammzellforschung mit Mitteln der Gemeinschaft zu fördern. Einzige Einschränkung, das Geld dürfe nicht zur Tötung von Embryonen und zur Herstellung von Stammzelllinien verwandt werden. Das war aus Sicht der Kirchen in Deutschland und auch der Gegner in der Union und bei den Grünen zu wenig. Aus europäischer Perspektive, konnte Schavan zu Recht behaupten, war es schon recht viel, denn in Europa hat eine Mehrheit der Staaten keine Bedenken.

Die europäische Entscheidung hat die Debatte in Deutschland verändert. Bischof Wolfgang Huber schreibt in einem Zeitungsbeitrag für die „Frankfurter Allgemeine Zeitung", dass eine Verschiebung des Stichtages nicht die ethische Qualität des Gesetzes berühren würde. Das bedeute, der Schutzstandard für Embryonen würde dadurch nicht verschlechtert. Das war ein kräftiges Signal an die Politik und an die Wissenschaft – und bedeutete eine Aufkündigung der gemeinsamen katholisch-evangelischen Haltung. Die bis dahin geltende Stichtagsregelung besagt, dass vor dem 1. Januar 2002 im Ausland hergestellte Stammzelllinien nach Deutschland importiert werden dürfen und zu Forschungszwecken genutzt werden können. Dadurch, so war die Argumentation 2002, werden keine neuen Embryonen getötet, da der Stichtag bereits in der Vergangenheit liege. Auch ein Anreiz zur Tötung von Embryonen könne ausgeschlossen werden. Die Deutsche Forschungsgemeinschaft (DFG) forderte im November 2006 zum wiederholten Male eine Abschaffung des Stichtags, da die alten Stammzelllinien zum Teil unbrauchbar und verschmutzt seien.

Heute würde solches Material mit besseren Methoden hergestellt. Bischof Huber legte dar, dass nicht eine Abschaffung des Stichtags, sondern eine Verlegung dem Anliegen der Wissenschaft entspräche, aber diese zugleich nicht den Embryonenschutz infrage stelle, da der neue Stichtag wieder in der Vergangenheit liegen würde. Kritiker haben seitdem den Begriff der „ethischen Wanderdüne“ geprägt, da eine fortwährende Verlegung des Stichtages einer Aufhebung gleichkomme, bei gleichzeitiger ethischer Absicherung.

Die Position Hubers gab den Befürwortern der Stichtagsverlegung so etwas wie den christlichen Segen. Auch wenn nicht

Angela Merkel zu Gast bei ihrer Kirche: Bischof Wolfgang Huber, EKD-Ratsvorsitzender (links), und EKD-Bevollmächtigter Stephan Reimers im Juni 2008 im Gespräch mit der Bundeskanzlerin in der Französischen Friedrichstadtkirche am Berliner Gendarmenmarkt.

die gesamte EKD ihm folgte, auch wenn einige andere evangelische Bischöfe sich prominent auf die „katholische" Seite schlugen und gegen ihn argumentierten, war doch mit Huber die entscheidende Schwächung einer einheitlichen christlichen Position vollzogen und damit die Argumentationskraft entsprechend geschwächt. Im Kanzleramt war man sich klar, wie wichtig Huber für den Prozess war. Allen Anfeindungen auch gegen Annette Schavan und Angela Merkel zum Trotz, die nun gemeinsam für eine Verlegung des Stichtags eintraten, könnte man sogar sagen: Huber hat die Stammzellforschung insgesamt doch christlich-salonfähig gemacht.

Bei Gesprächen zwischen den katholischen Bischöfen und der Kanzlerin gibt es keine Annäherung. Beobachter beschreiben die Atmosphäre als wenig herzlich. Merkel hält so etwas wie eine Privatvorlesung, in der sie die naturwissenschaftlichen Details erklärt. So genau wollten es die Kirchenoberen nicht wissen. Merkel beharrt auf klarer Argumentation, was den neuen Stichtag moralisch verwerflicher mache als den alten. Auf der Ebene kommt man nicht zueinander.

Ein entscheidender Schritt hin zu der Verschiebung, die schließlich am 11. April 2008 im Bundestag eine Mehrheit findet, war für Angela Merkel strategisch der Beschluss des CDU-Bundesparteitags Anfang Dezember 2007 in Hannover. Es war dieser denkwürdige Abend vor der traditionellen Parteitagsparty. Viele Delegierte blieben länger als geplant für diese schwierige Diskussion und für diese schwierige Entscheidung im Plenum. Schließlich votierte der Parteitag mit knapper Mehrheit für die Verschiebung des Stichtags. Damit war die Liberalisierung festgezurrte CDU-Position.

Dafür war auch Angela Merkel noch mal ans Mikrophon getreten – ohne Ankündigung und nachdem die Rednerliste schon abgearbeitet war. „Unsere Parteivorsitzende darf natürlich immer das Wort ergreifen", sagte Sitzungsleiter Christian Wulff. Sie wirbt für den Leitantrag, der eine Verschiebung des

Stichtages ermöglichen soll. Die Stimmung im Saal steht gegen sie. Viele Redner haben zuvor gegen die Stammzellforschung argumentiert und davon gesprochen, dass die CDU ihre Werte hochhalten müsse – nicht nur in Sonntagsreden. Angela Merkel spricht in ihrem Redebeitrag auch hauptsächlich davon, wie wichtig es ihr ist, dass kein Anreiz für die Tötung von Embryonen geschaffen werde. Sie stimmt vermutlich noch einige Delegierte um, weil sie ihre eigene ethische Sorge mit ins Feld führt. Das stärkste Signal ist: Sie nimmt die Anregung eines Delegierten auf, einen weiteren Satz mit in den Antrag aufzunehmen. „Die CDU Deutschlands bekräftigt, dass die Tötung menschlicher Embryonen zur Gewinnung embryonaler Stammzellen mit dem christlichen Menschenbild … unvereinbar ist."

Natürlich ist das ethisch eine ziemlich schiefe Angelegenheit. Warum ist der Import solcher Zellen akzeptabel, die Herstellung aber nicht? Denn genau das bezweckt die Stichtagsverschiebung, dass weitere embryonale Stammzellen importiert werden dürfen. Das eigentliche Argument, das dem frühen Embryo eben noch nicht den vollen Schutz der menschlichen Person zubilligt – zu Recht oder auch nicht – traut sich Angela Merkel nicht auszusprechen. Dass sie die „Ethik des Heilens" abwägt gegen eine „Ethik des embryonalen Lebens", das ist zu konfrontativ für eine Parteivorsitzende und Kanzlerin und würde sicher auch nicht zu dem Ergebnis führen, das sie sich wünscht. Renate Künast wirft ihr daraufhin in einem Beitrag des „Rheinischen Merkur" vor, eine „dünne ethische Fundierung" zu haben. Es gehe ihr nur darum, deutschen Forschern Freiräume zu eröffnen. Und Kardinal Meisner fordert in der Folge der Entscheidung turnusmäßig die Aberkennung des „C". Für Angela Merkel sei diese Entscheidung durchaus eine ethische gewesen, heißt es in ihrem Umfeld. Doch nach ihrem Verständnis hat sie diese Frage deswegen einer eigenen Gewissensprüfung – auch vor ihrem eigenen Glauben – unterzogen und dann für sich eine Entscheidung getroffen. Für sie sei das der richtige Weg. Die öffentliche Debatte um diese ethische Frage hat sie allerdings weitgehend an ihre Freundin Annette Schavan delegiert.

Selig sind die Friedensstifter

So etwas wie den Berliner Dom gab es in Bonn nicht. Ein Gotteshaus vom Ausmaß eines Plenarsaals, groß und prächtig wie ein Schloss, mit einer Kanzel höher als mancher Hochaltar im Rheinland. Die Staatskirche der Preußen, auch Petersdom der Protestanten genannt, war nicht besonders beliebt beim Berliner Bischof Wolfgang Huber. Verkörperte sie doch zu sehr die Verbindung von evangelischer Kirche und der Hohenzollern-Monarchie. Doch mit dem Umzug der Regierung änderte sich das nach und nach. Huber, der im November 2003 Ratsvorsitzender der Evangelischen Kirche in Deutschland wurde, hat es wie kaum einer vor ihm vermocht, die Stimme der evangelischen Kirche in der Politik wieder deutlicher hörbar zu machen. Und er versteht sich wie kaum ein protestantischer Repräsentant vor ihm auf die Inszenierung des Evangelisch-Kirchlichen. Am 11. September 2002 saßen sie alle in der ersten Reihe vor ihm. Bundeskanzler Gerhard Schröder samt einigen Kabinettsmitgliedern auf der einen Seite, gegenüber Kanzlerkandidat Edmund Stoiber und die CDU-Vorsitzende Merkel. Elf Tage vor der Bundestagswahl und ein Jahr nach den Terroranschlägen von New York und Washington ging es weniger um Gedenken als um aktuelle Politik. Es ging um Krieg und Frieden. Schröder hatte nach den Anschlägen zunächst von einer „uneingeschränkten Solidarität" gegenüber den USA gesprochen, ein Jahr danach warnte er vor kriegerischen „Abenteuern“ der Amerikaner im Irak. An einem Krieg werde sich Deutschland nicht beteiligen. Er hatte bei seinem Wahlkampfauftakt im August in Hannover überraschend die Außenpolitik zum Thema der politischen Auseinandersetzung gemacht. Die Union hielt dagegen. Sie wolle auch keinen Krieg, aber eben auch keine Störung der transatlantischen Beziehungen. Doch der Punkt ging an Schröder. Seine pauschale Absage an jede Beteiligung im Irak gefiel den Deutschen besser. Er siegte am 22. September und konnte mit knapper Mehrheit die rot-grüne Koalition fortsetzen.

Am 11. September war das noch nicht entschieden. Und so musste Huber in seiner Ansprache die Balance wahren, damit eine Friedensbotschaft nicht zu sehr als Parteinahme für Schröder ausgelegt werden konnte. „Selig, die Frieden stiften, denn sie werden Söhne und Töchter Gottes genannt werden“, zitiert er die Bergpredigt. Dann deutet er: Die Bergpredigt lade dazu ein, Möglichkeiten gewaltfreien Handelns zu erkunden. „Es geht Jesus, dem Bergprediger, nicht darum, Gewalt und Unrecht passiv hinzunehmen. Beides zu überwinden ist das Ziel.“ Angela Merkel muss das gefallen haben. Sie versucht, es für sich zu nutzen. Zwei Tage später zitiert sie den Bischof in ihrer Rede im Bundestag mit den Worten: „Selig sind die Friedensstifter – nicht die Friedfertigen, sondern die Friedensverfertiger.“ Sie geißelt Schröders Alleingang als unhaltbar. Er führe Deutschland mit seiner kategorischen Haltung in die Isolation, die nicht im Interesse Deutschlands sei, eben handlungsunfähig mache und damit nicht zum „Friedensverfertigen“ beitrage. Es nützt nichts, Schröder gewinnt und setzt seine klare Haltung gegen die Bush-Administration in Washington fort, eine Haltung, die viel Sympathie in der Bevölkerung findet, sogar bei Unions-Anhängern. Schröder sonnt sich auch in der Zuneigung, die er jetzt von den Kirchen, auch der katholischen, erfährt. Die Kulisse des Berliner Doms wird auch zu seiner Kulisse.

Die Kriegsfrage belastet das Verhältnis von Merkel zu den Kirchen schwer. Vom Herbst 2002 bis zum 22. März 2003 – an dem Tag kam es zu der lange befürchteten Invasion der Koalitionstruppen unter Führung der USA in den Irak – war Deutschland beherrscht von den Fragen um Krieg und Frieden. Angela Merkel wird nach der Wahl Oppositionsführerin und eckt mit ihrer pro-amerikanischen Haltung an. Vor allem bei den Kirchen, auch bei einigen Christen in der Politik. Und beim Papst. Johannes Paul II. setzt sich in den Monaten vor dem Waffengang als Person und mit seiner Funktion massiv für den Irak ein. Mit verschiedenen Initiativen versucht er, die USA von einer militärischen Lösung des Konflikts abzuhalten. Dazu sendet er einen Sondergesandten nach Bagdad, schreibt einen Friedensappell an George W. Bush und lässt seine Diplomaten in Washington und New York die Lage sondieren. Es war eine der größten politischen Aktionen, die der Heilige Stuhl in der jüngeren Geschichte unternommen hat. Dazu gehörten auch Treffen mit verschiedenen Politikern. Der britische Premier Tony Blair reiste nach Rom, der stellvertretende Premierminister Iraks besuchte den Papst. Auch der deutsche Außenminister Joschka Fischer war im Vatikan. Die Partei mit dem „C“ stand daneben und musste mit ansehen, wie der Papst zum Kronzeugen der rot-grünen vermeintlichen Friedenspolitiker wurde.

Auch die Deutsche Bischofskonferenz und der Rat der Evangelischen Kirche in Deutschland verurteilten die Haltung der USA und warnten vor einem möglich Präventivschlag der Amerikaner. In der Union verteidigten viele die Haltung der Vorsitzenden. Hermann Kues, damals Kirchenbeauftragter seiner Fraktion, warf den Kirchenvertretern vor, die Gefahrensituation im Irak nicht richtig einschätzen zu können. Doch von Mäßigung keine Spur: Der damalige Ratsvorsitzende der EKD, Manfred Kock, warf dem amerikanischen Präsidenten „religiösen Fundamentalismus“ vor und rückte so die religiöse Begründung seines Handels in die Nähe von islamistischen

Terroristen, die ähnlich argumentieren würden. Der Evangelische Arbeitskreis der CDU verurteilte die Einlassung als einseitig. In vielen Städten finden Friedensgebete statt, in den Kirchen und auf kirchlichen Foren ist das Thema allgegenwärtig. Angela Merkel bleibt bei ihrer Haltung, auch unmittelbar nach dem Kriegsbeginn Ende März 2003 verteidigte sie die amerikanische Sichtweise. Da beginnen in ihrer Partei schon einige, Alarm zu schlagen. Die Distanz zu den Kirchen sei nicht günstig, wird in internen Diskussionen in der Bundestagsfraktion bemängelt. Ein völkerrechtswidriger Krieg könne nicht unkritisch hingenommen werden. Zum ersten Mal beziehe Angela Merkel deutlich Position, und gleich habe sie ihre Partei gegen sich, spottet der „Spiegel".

Für sie ist es eine Frage von Grundsätzen, aber keine Angelegenheit des Glaubens. Vor allem die Emotionalisierung nach dem Motto „Christen sind für den Frieden" ist ihr zuwider. In einem Interview mit den katholischen Kirchenzeitungen der Verlagsgruppe Bistumspresse sagt sie: „Es handelt sich ja um keine Glaubensfrage, sondern um eine konkrete sicherheitspolitische Frage." Da müsse es möglich sein, zu anderen Schlüssen zu kommen als die Kirchen.

Einige Zeit später blickt sie auf diese Konfrontation im Jahr 2003 zurück und gibt zu, dass die Vermittlung ihrer inhaltlichen Position auch unter dem Blickwinkel des Glaubens nötig gewesen wäre. „Zwischen Glaube und Politik besteht ein natürliches Spannungsverhältnis", erklärt sie in einem Gespräch. „Wenn ich jedoch etwa an die Diskussionen über den Irakkrieg denke, dann weiß ich, dass Glaube nicht nur Privatangelegenheit ist und ich als Parteivorsitzende in einer solchen Lage schon formulieren muss, warum ich meine Haltung auch unter Aspekten des Glaubens für verantwortbar halte." Die Irak-Frage hat diesen Konflikt zwischen privatem Glauben und öffentlichem Bekenntnis auf die Spitze getrieben. Es entsprach nicht ihrem Bedürfnis, ihren eigenen Glauben in der

Debatte mit in die Waagschale zu werfen, doch es wäre gerne gesehen worden. Sie hingegen wünschte sich den Austausch von Argumenten. Muss ein Herrscher, der Massenvernichtungswaffen besitzt, militärisch gestoppt werden können? Das ist die Frage, die sie umtreibt.

Diese daraus erwachsene eigene Unabhängigkeit der Politik gegenüber den Kirchen ist ihre Grundlinie. Eine Unabhängigkeit, die für sie vor allem eine argumentative und intellektuelle ist, nichts mit der Institution Kirche oder den Bischöfen zu tun hat. „Das, was die Kirchen sagen, nehmen wir ernst", sagt sie in dem Interview. Aber für sie gebe es eben keine Eins-zu-eins-Umsetzung der Bibel in praktische Politik. Deswegen könnten und müssten auch andere Meinungen als die des Papstes zulässig sein. Dieser meint, militärische Gewalt verbiete sich zum gegenwärtigen Zeitpunkt, sie hingegen sehe das anders.

Vielleicht macht sie es sich da manchmal schwerer als erforderlich. Denn vor allem eins tut sie nicht: Sie bemäntelt die Meinungsverschiedenheiten zwischen der Politik und den Kirchen nicht. Sie umgarnt nicht diplomatisch die Position des Papstes, obwohl es ihr als CDU-Vorsitzende möglicherweise gut anstünde. So hatten fünf CDU-Bundestagsabgeordnete einen Antrag vorbereitet, der das Engagement des Heiligen Vaters loben sollte. Er bekam keine Mehrheit in der Union, Merkel kümmerte sich nicht darum. Dass auch für sie ein Krieg nur das letzte Mittel ist, darin hätte sie sich mit dem Papst einig gewusst. Das hätte sie so zum Ausdruck bringen können. Es hätte letztlich nur verschleiert, dass sie eben nicht der Meinung des Vatikans war. Für solche kirchenpolitischen Vernebelungsaktionen ist sie eben nicht zu haben. Für den katholischen Kirchenzeitungsleser bleibt dann stehen: Sie ist gegen den Papst. Das kommt bei vielen nicht gut an. Zu einer Aussprache kommt es erst später, da läuft der Irakkrieg schon mehrere Wochen. Da gibt es dann ein versöhnliches Geplänkel.

Das Bild ist vielen noch heute vor Augen. Angela Merkel hat einen schwarzen Schleier um ihr Gesicht gehüllt, als sie Johannes Paul II. am 27. Mai 2003 die Hand reicht. 15 Minuten dauert das Gespräch im Apostolischen Palast. Es geht nicht nur um den Irak. Angela Merkel will sich für einen Gottesbezug in der Europäischen Verfassung einsetzen – das gefällt dem Heiligen Vater. Auch wenn das äußere Erscheinungsbild besonders ehrerbietig wirkte, in der Sache verteidigte sie selbstbewusst noch mal ihre Position im Irak-Konflikt. Sie habe sich das gut überlegt, gab sie kund. Nach dem Gespräch wird berichtet, beide seien sich einig gewesen, dass Krieg immer nur die „ultima ratio“, das letzte Mittel, sein könne.

Zum ersten Mal im Vatikan: Am 27. Mai 2003 trifft die CDU-Vorsitzende das Oberhaupt der katholischen Kirche in Rom. Das Gespräch mit Papst Johannes Paul II. dauerte 15 Minuten.

Für Angela Merkel war es der erste Besuch im Vatikan, die Begegnung mit dem Papst sei „sehr bewegend“ gewesen, sagt sie. Es war auch die erste Begegnung der ostdeutschen Protestantin mit der Institution Vatikan. Delegationsteilnehmer berichten, Merkel sei vor allem von dem Anspruch und der Ausstrahlung des Zentrums einer Weltkirche beeindruckt gewesen. Mit der Person Johannes Pauls II. fühle sie sich geistesverwandt, hatte sie in einem Interview bekannt, da ihre Prägung in der DDR und seine im kommunistischen Polen ähnlich gewesen seien. Sein Eintreten für die Freiheit sei beim Zusammenbruch des Ostblocks, aber auch heute noch, wichtig und beeindrucke gerade junge Menschen.

Ein Thema im Gespräch zwischen Merkel und Johannes Paul II. war die Lage der christlichen Minderheit im Irak. Es ist ein Thema, das in die Gegenwart weist. Katholische Kirche und evangelische Kirche werben im Jahr 2008 massiv für die Aufnahme von christlichen Flüchtlingen aus dem Zweistromland. Im Mai 2008 hatte sich Bundesinnenminister Wolfgang Schäuble dieses Anliegens angenommen. Von den 1,2 Millionen Christen, die einst in dem Land lebten, soll schon die Hälfte vor der Diskriminierung und Verfolgung geflohen sein. Viele hausen unter elendigen Bedingungen in Flüchtlingslagern der Nachbarländer. Der Minister sagt, das christlich geprägte Deutschland könne mehr Christen die Einreise gewähren, andere könnten dann anderen helfen. An Schäubles Vorstoß gibt es Kritik, man dürfe nicht nur Christen aufnehmen. Das wäre eine unzulässige Bevorzugung, auch andere Minderheiten würden verfolgt. Das Vorhaben wurde auf die europäische Ebene geschoben, dort gab es keine Einigung. Bis zum Ende des Jahres gab es kein Flüchtlingskontingent für irakische Christen. Die Kirchen sind enttäuscht. Bischof Huber spricht von einem „Völkermord“, die ältesten Christen der Menschheit seien bedroht. Und die christliche Kanzlerin hilft nicht? Merkel vor allem wird unterstellt, sie habe die Hilfsaktion vereitelt. Unter anderem auch, weil der irakische Ministerpräsident Nuri al-Maliki sie bei seinem Deutschlandbesuch im Sommer 2008 darum gebeten hatte. Eine solche Hilfsaktion würde eine Sogwirkung auslösen, möglicherweise mit dazu beitragen, dass bald gar keine Christen mehr im Irak leben. Außerdem könnte weiterer Hass durch eine solche religiös begründete Bevorzugung entstehen. Auch unter Christen wird diese Befürchtung laut. Der irakische Kardinal Emmanuel Delly, Oberhaupt der chaldäischen Christen, warnt etwa vor einer Unterstützung der Abwanderung. Vielmehr müsste der Westen den Christen helfen, im Irak zu verbleiben.

Angela Merkel trifft sich mit einigen Bischöfen zu einem Gespräch über diese Frage. Sie suche die Diskussion darüber und sei auch interessiert an der Meinung der Kirchenführer, berichtet eine enge Vertraute. Doch scheint es wieder mal eine Art Kulturunterschied zu geben über die Frage, wie man mit einem solchen Thema umgeht. Während sich die Bischöfe so etwas wie ein klares Bekenntnis wünschen, eine deutliche Aussage gegen die Christenverfolgung und für Flüchtlingshilfe, will die Kanzlerin ganz nüchtern Argumente hören. Und sie liefert auch selbst welche, unter anderem, dass es den Christen im Irak möglicherweise schade, wenn man sie bevorzuge. „Sie mag oberflächliches Gerede nicht“, sagt jemand aus ihrem Umfeld. Es müsse ernsthaft zugehen und hart gerungen werden. „Es sich und den anderen nicht leicht machen, das ist ihr Motto“, heißt es. Das verstünden manche Gesprächspartner schon als Abweisung. Der kurzfristige Effekt eines „Christen helfen Christen“ sei ihr zu wenig. Sie hat sich inzwischen für die Aufnahme von Flüchtlingen ausgesprochen, jedoch nicht speziell für Christen. Nach dem Gespräch sind die Bischöfe enttäuscht. Die älteren wissen noch, dass unter Kohl zumindest die Gesprächsatmosphäre eine andere gewesen sei. Nie komme das Gefühl auf, eigentlich gehöre man – durch das „C“ – doch zusammen. „Die Gemeinsamkeiten kennen wir doch“, würde Angela Merkel dazu sagen, die muss man sich nicht ständig versichern. Christliches Einkuscheln gibt es bei ihr nicht.

Am Anfang der Debatte um den Irak hat sie noch ganz andere mögliche Opfer des Krieges im Auge. Für sie stehen der Nahost-Konflikt und die Lage Israels im Zentrum der Aufmerksamkeit. Schon in ihrer ersten Rede im Bundestag verbindet sie die Irak-Frage in zugespitzter Weise mit der Frage der Sicherheit Israels. „Ich möchte niemals erleben, dass sich eine deutsche Bundesregierung fragen lassen muss: Habt ihr alles getan, um zu verhindern, dass der Diktator im Irak die Juden in Israel in Lebensgefahr bringen konnte. Habt ihr vergessen, dass es das erklärte Ziel Husseins ist, die Existenz Israels zu vernichten? Habt ihr wirklich den Anfängen gewehrt?“ Später wird sie sagen, dass der Irakkrieg vermeidbar gewesen wäre, wenn Europa und Amerika zusammengestanden hätten. Im Mai 2004 noch hält der „Stern“ ihr in einem Interview vor, die Deutschen hielten mehrheitlich sie für die Kriegstreiberin, Gerhard Schröder hingegen für den Friedenskanzler. Sie hat sich im üblichen Feld bewegt, in dem sie das Ausscheren aus der transatlantischen Partnerschaft ablehnt und dabei nicht erkennt, wie Präsident Bush sich verrannt hat, so wird analysiert. Die Lüge, der Irak habe Massenvernichtungswaffen, habe Merkel geschluckt. Die ganze Welt habe dies geglaubt, sagt sie, sonst hätte es nicht die UNO-Sanktionen gegeben. Wenn die Union 2002 die Wahl gewonnen hätte, stünden deutsche Soldaten in Bagdad, tönte die SPD dann im Wahlkampf 2005. Merkel bestreitet dies.

Nach ihrer Wahl zur Kanzlerin der Großen Koalition bemüht sie sich um die ihrer Meinung nach beschädigten deutsch-amerikanischen Beziehungen. Doch es wird keine unkritische Wieder-Annäherung. Das Flüchtlingslager Guantanamo könne nicht von Dauer sein, so ihre Formulierung. Während ihrer Kanzlerschaft entwickelt sich eine ganz eigene Beziehung zwischen Bush und ihr. Es gibt die berühmte Szene, bei der der Präsident der Kanzlerin in einer Sitzungspause den Nacken massiert. Sie lädt ihn zum Grillen ein, er bittet sie zu einem Besuch auf seine Ranch. Gleichzeitig gilt während der deutschen G8-Präsidentschaft 2007 Merkel keineswegs als reine Bush-Versteherin. In der Klimafrage ringt sie ihm ein (kleines) Zugeständnis ab, und auch in den Fragen der Entwicklungspolitik und des Freihandels kämpft sie teilweise gegen die Positionen der US-Amerikaner. Ihre Positionierung beim Irakkrieg war so etwas wie ihr Einstieg in die Außenpolitik, ein Auftakt, der ihr lange noch nachhängen wird. Im Positiven wie im Negativen.

Dabei hat der Aspekt, der Israel betrifft, besonderes Gewicht. Angela Merkel widmet sich der Angelegenheit des Staates Israel und auch den Juden in Deutschland in besonderer Weise. Das zeigt sich an vielen Stellen auch in ihrer Kanzlerschaft. Und es wird auch außenpolitisch künftig hervortreten. Nach dem Irak ist der Iran aktuell die größte Bedrohung für Israel. Das dürfte nicht als „Privatproblem Israels“ gesehen werden, erklärte sie Ende 2008 bei der Entgegennahme der Josef-Neuberger-Medaille der Jüdischen Gemeinde Düsseldorf. Merkel hält im März desselben Jahres eine Rede vor dem israelischen Parlament. Sie ist die erste Regierungschefin überhaupt, die vor der Knesset sprechen darf, normalerweise wird diese Ehre nur Staatsoberhäuptern zuteil. „Wir lassen Israel nicht allein“, erklärt sie. Sie setze sich für entschiedene Sanktionen gegen den Iran ein, wenn der nicht im Atom-Streit einlenke.

Ohne diese besondere Aufmerksamkeit für das jüdische Schicksal hätte sie sich auch nicht am 3. Februar 2009 zu der Kritik an Papst Benedikt XVI. hinreißen lassen. Wie es von Mitarbeitern heißt, sei sie bei einer Pressekonferenz „spontan“ auf die Frage eines Journalisten eingegangen und habe sich zu den vatikanischen Vorgängen rund um die Aufhebung der

Exkommunikation von Bischof Richard Williamson geäußert, der in einem Interview die historische Wahrheit des Holocaust geleugnet hatte. Doch in dieser Deutlichkeit war ihre Einlassung dann doch überraschend. „Es geht darum, dass von Seiten des Papstes und des Vatikans sehr eindeutig klargestellt wird, dass es hier keine Leugnung geben kann", erklärte sie. Dies sei noch nicht ausreichend erfolgt. „Es ist im Allgemei-

Als erste Regierungschefin spricht Bundeskanzlerin Angela Merkel am 18. März 2008 vor dem Israelischen Parlament, der Knesset, in Jerusalem. Der Schutz des Staates Israel ist ihr ein besonderes Anliegen.

nen nicht an mir, innerkirchliche Entscheidungen zu bewerten oder zu kommentieren", sagte die Kanzlerin. Sie war damit die erste Regierungschefin überhaupt, die den Papst in dieser Frage ermahnte. „Allerdings glaube ich, dass es anders ist, wenn es um Grundsatzfragen geht." Es dürfe nicht der Eindruck entstehen, „dass es die Leugnung des Holocaust geben könnte, dass es um grundsätzliche Fragen des Umgangs mit dem Judentum insgesamt geht". Rom verteidigte umgehend das Kirchenoberhaupt, die Klarstellungen hätten klarer nicht sein können. Dass Merkel trotz der päpstlichen Beteuerungen die Kritik äußerte, im Sinne des Zentralrates der Juden in Deutschland, entspricht nicht unbedingt üblichen diplomatischen Gepflogenheiten. Es zeigt, wie wichtig ihr das Thema ist.

Am 6. November 2007, hatte der Zentralrat der Juden in Deutschland in einen holzvertäfelten Salon des wieder aufgebauten Adlon-Hotels neben dem Brandenburger Tor zum festlichen Gala-Diner geladen, um der Bundeskanzlerin den Leo-Baeck-Preis zu überreichen. An den fein gedeckten Tischen saßen die Honoratioren der Republik vor Tafelsilber und Kristall, um einer der im politischen Berlin so üblichen wie selbstverständlichen Lobreden zu lauschen. SPD-Veteran Hans-Jochen Vogel saß im Publikum, neben ihm der Vertreter des Heiligen Stuhls, daneben der Historiker Arno Lustiger, Bundestagsvizepräsidentin Katrin Göring-Eckardt (Grüne) schaute aufmerksam, der Generalinspekteur der Bundeswehr hatte in seiner Ausgehuniform Platz genommen. Der Einzige, der wie immer in zerschlissener Lederjacke kam, war der einst aus der DDR ausgebürgerte Liedermacher und heute in Hamburg lebende Ehrenbürger Berlins, Wolf Biermann. Er hielt die Laudatio auf Angela Merkel, er, der wie sie in Hamburg geboren ist, und der wie ihr Vater von West nach Ost übersiedelte, um im vermeintlich besseren Deutschland zu leben. Er, der einstige Linke, hielt die Lobrede auf die konservative Kanzlerin. „Wir passen schön schlecht zusammen, und das macht die Konstellation interessant."

Es wurde keine übliche Lobrede, es geriet fast zu einer Hymne. Dass die außenpolitische Haltung Angela Merkels einen besonderen Schwerpunkt hat, dass ihre Haltung zu Israel und dem Nahost, zu Krieg und Frieden und der Frage der Menschenrechte auch eine persönliche Note trägt, das vermitteln besonders anschaulich die Worte eines Wolf Biermann, der vom Kommunismus zum Demokraten konvertiert ist, der seine jüdischen und seine deutsch-deutschen Wurzeln in dichterischer Weise immer wieder politisch umzusetzen wusste, der noch immer so etwas ist wie das Gewissen des einst geteilten Landes. Wolf Biermann hat oft bekannt, dass er seine meisten Freunde verloren hat, als er 1999 den ersten Golfkrieg von Präsident Georg Bush senior und 2003 den Irakkrieg des Sohns unterstützte. Für Angela Merkel war es wohl nicht so drastisch.

Biermann lobt also genau das an ihr, ihre Absage an einen Pazifismus, der blind sei für die Gefahren, die von Diktaturen ausgehen könnten. Und er lobt diese Haltung auch noch 2007, als viele davon überzeugt sind und es als bewiesen gilt, dass die 2003 von den USA beschworene Gefahr durch irakische Massenvernichtungswaffen gar nicht bestanden hat, der Krieg also völkerrechtswidrig war. Für Biermann – und eben auch für Merkel – bleibt wichtig, Freund und Feind zu unterscheiden. „Warum hassen so viele Europäer dermaßen maßlos die Juden? Warum halten sie das bedrohte Israel, die einzige Demokratie in der arabischen Region, für den gefährlichsten Kriegstreiber in der Welt? Und woher kommt dieser hysterische Hass gegen die USA? Ich wüsste gern, verehrte Angela Merkel, Ihre Meinung?" Ihre Grundhaltung lässt sich genau an diesen Fragen festmachen: Freundschaft mit den europäischen Juden, unbedingte Unterstützung für den Staat Israel, unbeirrbar im Bündnis mit Amerika. Biermann zitiert sie mit den Worten:

„Ein Blick zurück in unsere eigene Geschichte mahnt dazu, den Frieden als wertvolles Gut zu erhalten und alles zu tun, um kriegerische Auseinandersetzungen zu vermeiden. Ein Blick in die gleiche Geschichte mahnt aber auch, dass ein falsch verstandener, radikaler Pazifismus ins Verhängnis führen kann und der Einsatz von Gewalt – trotz des damit einhergehenden Leides – in letzter Konsequenz unausweichlich sein kann, um noch größeres Übel zu verhindern."

Biermann lobt ihre Reden zum Nahost-Konflikt, die „in bester Luther-Tradition" gehalten seien, nach dem Motto „Eure Rede aber sei ja, ja, nein, nein". Und ihn freut es, dass Merkel ihre Haltung als Bundeskanzlerin und auch in der aktuellen Konfliktlage aufrechterhält. Die Bedrohung für Israel gehe möglicherweise nun vom Iran aus. Dazu sagt Angela Merkel in einem Interview 2007: „Wir können die Augen vor einer Gefährdung nicht verschließen. Ich trete mit Nachdruck dafür ein, dass wir das Problem auf dem Verhandlungswege lösen, aber dazu müssen wir auch bereit sein, weitere Sanktionen zu verhängen, wenn der Iran nicht einlenkt. Er bedroht die Sicherheit Israels, die für mich als deutsche Kanzlerin niemals verhandelbar ist. Er bedroht die Region, Europa und die Welt. Das müssen wir verhindern."

Neben der Solidarität zu Israel würdigt Biermann die kritische Haltung gegenüber Russland, die Politik des Klimaschutzes und ihre Europapolitik. Merkel wird in seiner Anschauung zu einer moralischen politischen Figur. Sie, die häufig als haltungslos und beliebig kritisiert wird, wandelt sich in Biermanns Darstellung zu einer Person mit besonderer Aufrichtigkeit. Er formuliert das gewohnt stilisiert: „Eine Frau, die die Gesetze der Physik studierte in einem Land, wo zwei mal zwei nicht vier sein durfte – ausgerechnet sie bringt den Großkopferten der Europäischen Union lebensklug wie eine erfahrene Grundschullehrerin das kleine Einmaleins der politische Moral bei und dazu das große Einmaleins einer moralischen Politik." Seine eigentümliche Begeisterung für die Kanzlerin drückte sich schon kurz nach ihrer Wahl und der Abwahl Schröders aus, bei einem Konzert in der Katholischen Akademie in Berlin: „Besser im guten Sinne eine schlechte Schauspielerin als im schlechten Sinn einen guten Schauspieler."

Bewahrung der Schöpfung

Der Jubel war laut. Der Jubel war ihr suspekt. Und müde war sie auch. Sie kam gerade von Heiligendamm, hatte drei Tage und zwei Nächte mit den Mächtigsten der Welt über Klimaschutz und Armutsbekämpfung, über Hedge-Fonds und Freihandel diskutiert und stand nun über 5.000 Kirchentagsbesuchern in der Messehalle 5.2 in Köln-Deutz gegenüber. Einige hatten an diesem 9. Juni 2007 drei Stunden gewartet, um sie zu sehen, schon lange vorher mussten die Türen geschlossen werden, wegen Überfüllung. Draußen warteten noch mal einige Tausend – und mussten sich mit Monitoren zufriedengeben. Die Kirchentagsbesuchern bereiteten Angela Merkel einen Empfang, als ob sie die Welt gerettet hätte. Gestern hatten noch zahlreiche Globalisierungskritiker und auch kirchliche Gruppen ihren Gipfel mit Bush, Putin und Co. kritisiert, sogar bekämpft. Nun gab es das kirchenoffizielle Hochamt für die Regierungschefin und „Weltpräsidentin". ZDF-Moderator Wolf von Lojewski überreichte ihr – live auf dem Sender und im Saal – den orangefarbenen Kirchentagsschal, den neben ihr schon der Friedensnobelpreisträger Muhammad Yunus trug. Der Professor aus Bangladesh genießt Kultstatus, hat er doch mit seiner Grameen Bank und der Idee der Mikrokredite eine neue Form der Entwicklungshilfe etabliert. Sie nimmt den Schal an. Das Publikum jubelt und klatscht, als ob die

Kanzlerin gerade zum Protestantismus konvertiert wäre. Die Sehnsucht ist groß nach Harmonie.
Im Fernsehen sagen später einige Kirchentagsbesucher, es stimme hoffnungsfroh, dass der Kirchentag den G8-Gipfel habe beeinflussen könne, dass die Kanzlerin die Anliegen der Christen annehme und den Großen der Welt überbracht habe. Das sind natürlich Einzelstimmen, da verdreht sich etwas in der Wahrnehmung. Aber in der politischen Gefühlsgroßwetterlage trifft es irgendwie auch den Kern. Viele wünschen sich eine Klimakanzlerin, eine Armutsbekämpfungskanzlerin, eine christliche Kanzlerin, die das Böse bekämpft und das Gute zum Tragen bringt. Das ist naiv, aber doch auch irgendwie normal, die Mehrheit protestiert eben nicht nur gerne, sondern freut sich auch, wenn alles irgendwie gut wird.
So ein Schauspiel beherrscht Angela Merkel inzwischen und doch ist es ihr fremd geblieben. Sie legt den Schal auf die Knie, um ihren Hals legt sie ihn nicht. In ihrer Rede, von Applaus und Sprechchören unterbrochen, geht ihr Wort fast unter. Sie sagt: „Es gibt keine Erlösungsereignisse, die die Welt von einen auf den anderen Tag besser machen." Genauso wenig gibt es menschliche Heilsbringer, könnte man anfügen. Das Besser-Werden sei ein langsamer Prozess, doziert die Kanzlerin. Heiligendamm sei ein kleiner Schritt gewesen, durchaus ein Erfolg, aber eben nur einer auf der Wegstrecke. Als der Moderator danach abstimmen lässt, ob Heiligendamm ein Erfolg gewesen sei, scheint die Nüchternheit auch bei einigen Besuchern wieder eingekehrt zu sein. Die meisten Hände gehen hoch bei der negativen Bewertung des Gipfels. Einige bewerten mit „positiv", viele aber stimmen auch gar nicht ab. Zum Abschluss wird noch ein Lied gesungen, Angela Merkel macht mit. Das Fest ist aus, der Alltag ist wieder da. Politik scheint immer des Öfteren zwischen Ereignis und Handlung zu pendeln. Die Wahrnehmung wird dann von den „Events" bestimmt, die eigentliche Arbeit aber entzieht sich oft der Bewertung.

Das Jahr 2007 war ein Merkel-Jahr. Als Welt-Präsidentin wurde die deutsche Kanzlerin gefeiert, die als Vorsitzende der G8-Staaten den Gipfel der führenden Industrienationen und Russland im Ostseebad Heiligendamm leitete. Gleichzeitig hatte sie sechs Monate lang die EU-Präsidentschaft inne und führte die Europäische Union aus einer schweren Krise, in dem sie den Verfassungsprozess wieder belebte und in einer nächtlichen Pingpong-Diplomatie in Brüssel die Polen wieder zurück ins europäische Boot zerrte. Dieser Erfolg verdunstete dann zwar 2008 durch das Nein der Iren zum neuen Vertragswerk, doch das schmälert ihr Geschick im Jahr zuvor nicht. Es war das Jahr, in dem sie sich vom innenpolitischen Gezänk in der Großen Koalition absetzen konnte und auf internationaler Bühne Kanzler-Profil gewann. Die internationale Bühne wird ihr Wohnzimmer.

Mit der Klimaschutzpolitik hat sie sowohl der europäischen Staatengemeinschaft als auch den großen Acht mit Amerika, Japan, Kanada und Russland ihr persönliches Schwerpunktthema aufgedrückt. Seitdem macht das Wort von der Klima-Kanzlerin die Runde, das von Kritikern gleichwohl als Maskerade beschimpft wird, da sie nicht genug erreiche. Das Klima-Thema wird man ihr aber nicht mehr nehmen können, auch nicht, wenn sie seit Ende 2008 im Angesicht der Finanz- und Wirtschaftskrise Zugeständnisse in Richtung Industrie gemacht hat. Schon 2007 liefert dafür das passende Bild. Mit der knallroten Jacke der „Deutschen Gesellschaft zur Rettung Schiffbrüchiger“ bekleidet spaziert sie durch das nicht mehr ganz so ewige Eis Grönlands. Die Fotos dieser kurzen Reise der Kanzlerin, die sich vor Ort ein Bild macht und mit dem Schiff durchs Packeis kreuzt, haben das Image begründet, dass dieses Thema zu ihr gehört.

Wie kam sie zu dem Thema? Lag es nur einfach auf der Tagesordnung und sie hat es gegriffen? Es ist anders. Wohl kaum ein anderer aktiver deutsche Politiker mit Regierungsverantwortung bearbeitet die Fragen des Klimaschutzes schon so lange wie sie. Am 16. März 1995 spricht sie zum ersten Mal im Bundestag zum Klimaschutz. Es ist verblüffend, wie sich die Themen, die sie während ihrer Minister-zeit in den zwei Kohl-Kabinetten beschäftigt haben, durch ihre politische Biografie ziehen und in ihrer Kanzlerschaft sogar zentral werden. Dazu gehört an erster Stelle der Klimaschutz, aber auch die Familienfrage und die Fragen des Lebensschutzes kennt Angela Merkel schon lange. Sogar über ihre politische Biografie hinaus lässt sich eine Linie ziehen. In den Gesprächskreisen während ihrer Studienzeit in Leipzig und in der Evangelischen Studentengemeinde waren vor allem Umweltthemen, Fragen nach internationaler Gerechtigkeit und der Themenkreis Krieg und Frieden aktuell. Gerade die Umweltszene war eine wichtige Keimzelle der DDR-Opposition.

2004, ein Jahr vor ihrer Kanzlerschaft, nennt sie als ihren bis dahin größten politischen Erfolg die „Berliner Erklärung", die auf der internationalen UNO-Klimakonferenz 1995 in Berlin verabschiedet wurde. Sie saß als junge Ministerin mit wenig Erfahrung im Umweltbereich als Präsidentin der Runde mit 130 Staaten vor. Vermutlich war es die erste Präsidentschaft in ihrem Leben, die sie zu einem Erfolg führte, der heute kaum bekannt, aber allgegenwärtig ist. Das amerikanische Time-Magazin taufte sie im Rückblick „Heldin der Umwelt". Die „Berliner Erklärung" machte das Kyoto-Protokoll möglich, das 1997 zum ersten Mal verbindlich die Reduktion des klimaschädlichen Treibhausgases festschrieb und die Staaten zur Minimierung des Kohlendioxyd-Ausstoßes verpflichtete. „Ohne Merkel gäbe es Kyoto nicht", wird ein Vertreter der amerikanischen Clinton-Regierung zitiert. Das Berliner Treffen war die erste UN-Klimakonferenz, die nach dem Rio-Abkommen von 1992 vereinbart worden war. Ein Erfolg schien damals mehr als unsicher. Es wird von einem Verhandlungs-Marathon berichtet, bei dem Merkel nachts einmal unter

Tränen fast resigniert haben soll. Ein Zuspruch ihrer damaligen und heutigen Büroleiterin Beate Baumann („Nun reißen Sie sich mal zusammen“) habe sie wieder aufgerichtet. Sie erreicht eine Einigung auch deshalb, weil sie als Vertreterin Deutschlands zusagte, eine Vorreiterrolle zu übernehmen. Deutschland wolle unter den Industrienationen den größten Anteil der Treibhausgase abbauen. Sie habe ein ungeheuer großes Verlangen nach Erfolg, so ein Tagungsteilnehmer damals.

Die „Klimakanzlerin“ im ewigen Eis: Zusammen mit Bundesumweltminister Sigmar Gabriel und dem dänischen Ministerpräsidenten Andreas Fogh Rassmussen besucht sie im August 2007 Grönland.

In ihrer Rede am 16. März 1995 erklärt sie im Bundestag, warum gerade der Klimaschutz der „wesentliche Teil“ des Umweltschutzes sei. Das ist vor 14 Jahren keineswegs Konsens gewesen, schon gar nicht bei der Union. Die Erderwärmung sei zu 95 Prozent von Menschen verursacht, deswegen müsse gehandelt werden. „Wir können nicht warten, bis alle komplizierten wissenschaftlichen Vorgänge geklärt sind." Nach 14-tägigen Verhandlungen führte Merkel das Großtreffen in Berlin zu einem Ergebnis. Unter anderem wird vereinbart, dass Bonn ständiger Sitz des Klimabüros der Vereinten Nationen wird. Doch Kritik blieb nicht aus. Ausgerechnet der Vertreter des Vatikans nannte die Vereinbarungen „mager", da die Sorgen kleiner Entwicklungsländer, vor allem kleiner Inselstaaten, zu wenig berücksichtigt worden seien.

Zwölf Jahre später verhandelt die gleiche Angela Merkel in Heiligendamm mit den Vertretern der G8-Staaten über ein Mandat für das Kyoto-Folgeprotokoll. Ihr Ergebnis wird wieder von einigen als „mager" bezeichnet. Doch wie damals hat sie ein Mandat errungen, dass unter dem Dach der UN verhandelt werden kann. Das hat sie auch dem scheidenden US-Präsidenten Bush abgetrotzt, der sich standhaft geweigert hatte, Kyoto zu akzeptieren. Der Wechsel im Weißen Haus und die zu erwartende veränderte Klimapolitik des neuen Präsidenten Barack Obama machen daher möglicherweise das Ergebnis von Heiligendamm doch noch wertvoller, als es auf den ersten Blick schien. Angela Merkel erinnert sich an die Konferenz von 1995: „Für mich war die Berliner Konferenz auch eine erste große Begegnung mit allen möglichen Facetten dieser Welt: die Umweltprobleme, der Reichtum, die Armut, Entwicklungsländer, Europäische Union – was auch immer. In den vierzehn Tagen der Konferenz habe ich mir bei allen Teilnehmern ein Vertrauen erworben, das dazu beigetragen hat, dass am Ende ein gutes Ergebnis stand. Das empfinde ich als eine meiner besten Leistungen."[50]

Helmut Kohl hatte ihr nach der Bundestagswahl 1994 zur Überraschung vieler Beobachter und wohl auch zu ihrer eigenen Verwunderung das weitaus wichtigere Umweltressort im Vergleich zum Frauen- und Jugendministerium angeboten. Sie sagte selbstverständlich zu, eine Absage wäre auch schwer möglich gewesen, meint sie später. Vor allem aber sah sie das Umweltministerium als Chance, ihre persönliche Qualifikation als promovierte Physikerin besser für die Politik nutzbar zu machen. Außerdem erkannte sie, dass sie nach den Abtreibungs- und Gleichberechtigungsdebatten wieder ein für die CDU/CSU schwieriges Fach übernehmen würde, da Umweltpolitik noch nicht in der Seele der Partei angekommen schien.

Die Zeit nach Bush: Im August 2008 trifft Angela Merkel den damaligen Kandidaten, den inzwischen zum US-Präsidenten gewählten Barack Obama im Bundeskanzleramt. Vor allem die Klimapolitik ist beiden ein gemeinsames Anliegen.

Sie selbst analysiert ihre frühen Erfahrungen mit den Reizthemen der Union bei einem Vortrag 2005 vor der Katholischen Akademie in München: „Da ich die Freude hatte, im Rahmen der Union und der CDU unter Bundeskanzler Helmut Kohl sowohl Frauen- als auch Umweltministerin zu sein, kenne ich die Gebiete, in denen sozusagen auch die CDU sich schwertut, auf alle Fragen Antworten zu finden. Viele Fragen wurden deshalb immer schon als respektlos qualifiziert, damit man sich mit ihnen gar nicht mehr befassen musste. So etwas führt immer dazu, dass Volksparteien schrumpfen und sich nicht ausweiten. Deshalb heißt es nicht, dass man beliebig alles richtig findet. Aber es heißt auch, dass man sich seiner Antworten immer wieder vergewissert. Antworten müssen auch in neuen Zeiten immer wieder Bestand haben." In der Rede in München bezieht sie das auf die Familienpolitik. Das Gleiche gilt für die Umweltpolitik und Frauenpolitik und schließlich auch für die Zuwanderungspolitik. In allen Bereichen hat Angela Merkel die Union programmatisch verändert, teilweise im Widerspruch zu kirchlichen Positionen wie bei der Frage frühkindlicher Kinderbetreuung, teilweise im Sinne der Kirchen wie bei der Zuwanderungspolitik.

Kohl hatte das Umweltministerium nach der Tschernobyl-Krise von 1986 gegründet, die Aufsicht über die Atomkraftwerke war demnach auch die vornehmste Aufgabe des neuen Hauses. Das Umweltministerium musste – CDU-geführt – den Spagat zwischen Befürwortung der Kernenergie und Beaufsichtigung der kritischen Materie bewerkstelligen. Zudem kamen Sorgen auf, das Umweltministerium könne zu stark für die Industrie und die Wirtschaft die Bremsen anziehen. Ein Mittel, das Umweltthema an die Union heranzuführen, war eine sprachliche Wendung, die Angela Merkel von ihrem Vorgänger Klaus Töpfer übernahm und weiterhin kultivierte. Sie sprach von der „Bewahrung der Schöpfung".

Diese Formulierung war 1989 in den offiziellen Sprachgebrauch der Unions-Parteien eingeführt worden, 1994 fand sie Eingang in das neue Grundsatzprogramm. Mit dieser christlichem Begrifflichkeit und Begründung des Umweltschutzes ließen sich sowohl die eher unionskritischen kirchlichen Gruppen als auch die skeptischen Geister in den Parteireihen einfangen. Außergewöhnlich viele Kirchentermine habe sie als Umweltministerin absolviert, berichtet ein Redenschreiber von einst über Merkels Zeit im Umweltministerium. Sie habe versucht, dort den Draht zu halten. Gleichwohl gab es auch viele kritische Stimmen gerade aus diesem christlichen Spektrum. Als sie ihr Ministerium 1998 an die rot-grüne Regierung und Minister Jürgen Trittin übergeben musste, da waren die sogenannten Energiekonsensgespräche um die Zukunft der Kernenergie bereits gescheitert. Kanzler Schröder konnte nun den Ausstiegsbeschluss verhandeln mit langen Restlaufzeiten für die bestehenden Meiler. Das war vor allem vielen Grünen zu wenig, die Öko-Partei erlebte deswegen eine schwere Krise. In der Union ist zu hören, tatsächlich sei der Entwurf für die Einigung mit der Industrie schon unter Merkel erarbeitet worden. Rot-Grün habe es nicht geschafft, noch mehr in ihrem Sinne, also einen schnelleren Ausstieg, zu erreichen. Wenn heute in den Jahren ihrer Kanzlerschaft der Großen Koalition über eine Verlängerung der Atom-Laufzeiten gesprochen wird, ist Angela Merkel wieder bestens im Thema. Auch das ist schon lange ihre Angelegenheit gewesen.

Zurück zum Merkel-Jahr 2007. Der Umweltbereich ist nicht das einzige Thema. 2007 zeigt sich Angela Merkel als Entwicklungspolitikerin, und auch ihr Interesse an internationalen Menschenrechtsfragen kommt zum Tragen. Sie empfängt als erste deutsche Regierungschefin den Dalai Lama und sorgt damit für einen außenpolitischen Eklat. Dass sie 2008 nicht zu den Olympischen Spielen nach Peking reist, wird in China als Affront gesehen. Sie nimmt erstmals kritisch Stellung zum amerikanischen Gefangenenlager Guantanamo. Sie sorgt dafür, dass ein Häftling nach Deutschland ausreisen kann, was die Schröder-Regierung noch abgelehnt hatte. Ihre DDR-Erfahrung sei ihr persönlicher Grund, weshalb ihr das Thema am Herzen liege, sagt sie einmal. Im Vergleich zu dem, was heute in der Welt geschehe, sei die DDR zwar relativ harmlos gewesen. Doch am Beispiel des berüchtigten Gefängnisses in Bautzen erklärt sie, wie wichtig es sei, das Menschen sich engagieren, immer wieder öffentlich machen, wie schrecklich bestimmte Zustände sind. „Und wenn Sie überlegen, wie wir heute wissen aus Erzählungen von denen, die dann herausgekommen sind, was es für ihr Leben bedeutet hat, dass sich andere für sie interessiert haben, dann wird mir manchmal ganz schummrig, wenn ich an Schicksale in anderen Ländern denke, um die wir uns wenig Gedanken machen.“ Bei ihrem Vortrag vor der Katholischen Akademie in München 2005 kurz vor ihrer Vereidigung als Bundeskanzlerin sagt sie weiter, dass gerade für die CDU das Thema Menschenrechte aus der deutschen Erfahrung heraus einen wichtigen Stellenwert haben müsse.

Ende des Jahres 2006 schreibt Papst Benedikt XVI. ihr einen Brief, in dem er sie zu erhöhter Aufmerksamkeit für Afrika aufruft und die gedoppelte Präsidentschaft von EU und G8 als „einmalige Chance“ wertet. Es ist ein vatikanisches Novum, dass eine derartige Note vom Papst an einen Regierungschef geht und veröffentlicht wird. Diplomaten erklären hinterher, es habe mit der Konstellation des deutschen Papstes und der deutschen Präsidentschaft zu tun. Auch das Antwortschreiben der Kanzlerin wird öffentlich. Es ist eine Art kirchenpolitischer Klimapflege, die Merkel betreibt.

Der Papst fordert Merkel in dem Schreiben auf, den Vorsitz der G8-Staaten zu nutzen, „um die Armutsbekämpfung und den Schuldenerlass für Entwicklungsstaaten voranzutreiben“. Der Brief beginnt höflich und formell, er dankt der Kanzlerin für ihre Initiative in Sachen Armutsbekämpfung, um dann durchaus ins Detail zu gehen. Benedikt XVI. bezieht sich konkret auf das Gespräch, das er wenige Tage vor seinem Besuch in seine bayrische Heimat mit der Bundeskanzlerin am 28.

August 2006 in seiner Sommerresidenz Castel Gandolfo zu dem Thema geführt hatte. Der Heilige Vater mahnt Unterstützung für die ärmsten der armen Länder an, die nicht in der Lage seien, am weltweiten Handel teilzunehmen. Gleichzeitig fordert er von den Regierungen, sich Standards von „gutem Regieren" (good governance) zu unterwerfen, wie es auch die Bundesregierung verlangt. Schließlich bewertet er die Anstrengungen im Bereich der Entwicklungspolitik generell: „Dabei handelt es sich nicht um eine Sonderaufgabe oder um Zugeständnisse, die aufgrund dringender nationaler Interessen aufgeschoben werden könnten. Es besteht vielmehr eine schwere und unbedingte moralische Verpflichtung, die auf der Zusammengehörigkeit der Menschheitsfamilie sowie auf der gemeinsamen Würde und Bestimmung der armen und reichen Länder gründet, die durch den Prozess der Globalisierung immer enger zusammenwachsen." Aus dem Vatikan heißt es anerkennend, dass man Angela Merkel durchaus eine christliche Politik und ein christliches Verständnis von Politik unterstelle. Die inzwischen drei Gespräche, die der Heilige Vater mit der Regierungschefin geführt hat, waren wohl auf beiden Seiten als angenehm und anregend empfunden worden, ist zu hören. So ist die Schlussformel des Briefes möglicherweise nicht nur als diplomatische Floskel abzutun. „Indem ich den Segen Gottes für die Arbeit der G8 und der Europäischen Union unter deutscher Präsidentschaft erbitte, nehme ich die Gelegenheit wahr, Ihnen, Frau Bundeskanzlerin, erneut meine ganz vorzügliche Hochachtung zum Ausdruck zu bringen."
Die Antwort ist etwas nüchterner. Die Kanzlerin geht auf alle inhaltlichen Punkte des Vatikan-Briefes ein, setzt aber auch einen eigenen Schwerpunkt, indem sie die Bekämpfung von HIV/Aids thematisiert. Ob dies als versteckte Kritik an der Haltung des Heiligen Stuhls zur Nutzung von Kondomen zu verstehen ist, bleibt offen. Vor allem fällt auf, dass ein ganzes Themenspektrum wie Entschuldung, Transparenz der interna-

tionalen Märkte und Dialog mit den Schwellenländern dargelegt wird. Angela Merkel setzt in ihrer Kanzlerschaft ein paar entwicklungspolitische Akzente. Dazu gehört nicht nur die G8-Präsidentschaft, sondern auch etwa die Lateinamerika-Reise Anfang 2008. Sie war die größte und längste Auslandsvisite ihrer Amtszeit. Zum ersten Mal seit sechs Jahren besuchte ein deutscher Regierungschef wieder die Region. Im Mittelpunkt der Berichterstattung stand die kurze Begegnung mit dem linkssozialistischen venezolanischen Staatspräsidenten Hugo Chávez, der im Vorfeld Merkel attackiert hatte. Über die vermeintliche Versöhnung gab es dann unterschiedliche Auslegungen. Merkel traf insgesamt zehn Staatschefs und besuchte vier Länder. Es war nicht nur eine Reise in die Armut, es war auch ein Trip, der der Pflege von Wirtschaftsbeziehungen dienen sollte. Begleitet wurde sie unter anderen von Misereor-Hauptgeschäftsführer Josef Sayer. Der Chef der katholischen Entwicklungshilfe-Organisation lobt die Kanzlerin im Nachhinein für ihr Engagement, warnt aber gleichzeitig vor übertriebenen Hoffnungen. Zu oft hätten schon Regierungschefs die Armutsbekämpfung beschworen. Gleichwohl hat sich ein gewisses Vertrauensverhältnis aufgebaut.
Auf einem Fachgespräch Ende 2008 zum Thema Entwicklungshilfe, bei dem die Kanzlerin Vertreter aller großen Organisationen empfängt, gilt ihm ein entsprechend freundlicher Gruß. Er bedankt sich mit dem Lob dafür, dass sie in Zeiten der Finanzkrise das entwicklungspolitische Gespräch nicht abgesagt habe. Das so aktionsreiche Jahr 2007 hatte Sayer im Rückblick auch mit einer persönlichen Anerkennung für Merkel bilanziert, sie habe Afrika bei den G8-Staaten auf die Tagesordnung gesetzt. Gleichzeitig nannte er die Ergebnisse von Heiligendamm dürftig. Beim Klimaschutz für die armen Länder sei kaum etwas erreicht worden. HIV/Aids sei zwar Diskussionsthema gewesen, doch beim Patentschutz gebe es keine Entwicklung.

Entwicklungspolitik ist nichts für die Schlagzeilen, damit gewinnt man keine Wahlen, und ob man etwas ausrichten kann, ist oft wenig messbar. Vielmehr gehört eine gewisse entwicklungspolitische Rhetorik auch zum guten Ton deutscher Außenpolitik. Schwer messbar ist dann auch die Ernsthaftigkeit des Engagements eines einzelnen politischen Akteurs. Angela Merkel empfängt im Januar 2008 Andrea Riccardi, den Gründer der katholischen Laiengemeinschaft Sant' Egidio, die sich unter anderem in Afrika für Frieden einsetzt und mit ihrem Dream-Projekt gegen Aids kämpft. Im Anschluss berichten einige Mitglieder von Sant'Egidio, wie interessiert die Kanzlerin gewesen sei und auch konkret Rat beim Vorgehen in Afrika eingefordert habe. Was kann Afrika helfen? Riccardi habe Merkel geraten, möglichst viele persönliche Kontakte aufzubauen. Nur das Interesse und die Begegnung mit Europa können Afrika langfristig helfen und verändern. Es wurde vereinbart, weiter in Kontakt zu bleiben. Afrika hat die Bundeskanzlerin während ihrer Amtszeit allerdings noch nicht besucht. Sant'Egidio ist seit 2008 die einzige kirchliche Hilfsorganisation, die vom deutschen Außenministerium für ein Friedensengagement gefördert wird. Riccardi erhält 2009 den Internationalen Karlspreis zu Aachen, ein Jahr nach Merkel.
Der Unterschied zwischen symbolischer Politik – das heißt Handeln, das nur einen gewissen Showeffekt hat und dem eine Zeichenhaftigkeit innewohnt – und jenem politischen Handeln, das bestimmte Dinge regelt und Probleme zu lösen versucht, ist nicht immer trennscharf auszumachen. Auch symbolische Politik kann durchaus große Bedeutung gewinnen, genauso wie handelnder Politik manchmal der Effekt fehlt. Gerade im Bereich Werte und Glauben, bei Fragen einer Geistes- und Grundhaltung hilft symbolische Politik oft als sichtbarer Ausdruck. Doch ob er tatsächlich etwas bewirkt, muss gleichwohl immer wieder hinterfragt werden. Im Jahr 2007 setzt Angela Merkel sich für den Gottesbezug in der europäi-

schen Verfassung ein – und scheitert. Über dieses Engagement spricht sie gerne mit Kirchenvertretern, ob die Niederlage ihr zuzuschreiben ist, ist fraglich. Fraglich bleibt auch, was sich tatsächlich ändern würde in Europa, wenn dieses Schriftstück das Wort „Gott" enthielte. Dennoch hat dieses Symbol enorme Aussagekraft. Dass im EU-Verfassungsvertrag ein „Kirchenparagraph" eingefügt wurde, der den christlichen Glaubensgemeinschaften Privilegien einräumt, ist kaum beachtet worden, schließlich ist er nicht symbolträchtig. Aber im Effekt ist er vermutlich größer als jeder Gottesbezug in einer Präambel.
Der Empfang des Dalai Lama, des geistlichen Oberhaupts der Tibeter, ist auch ein solches Symbol, tatsächlich ändert er an der Situation in Tibet wenig. Und wenn er etwas bewirkt, ist noch strittig, ob es einen positiven Effekt hat oder einen negativen. Denn die Verärgerung der chinesischen Regierung kann sich so auswirken, dass ihre Haltung noch starrer wird. So viel symbolisches Handeln wie 2007 gab es wohl nie zuvor bei Angela Merkel. Es überraschte geradezu, dass dieser oft als nüchtern beschriebenen Frau die zweifelhafte Fähigkeit zugewachsen war, etwa in Heiligendamm ein gewisses Staatsschauspiel aufzuführen. So ließ sie den berühmten überdimensionalen Strandkorb anfertigen, in dem sie neben der weltweiten Männerriege der Macht, zwischen Putin und Bush, die Grande Dame gab. Den eigentlichen Erfolg hatte sie im Vorfeld mit einer intensiven Telefondiplomatie erreicht.

Ihre Kirche – Beten und singen

Die Kanzlerin singt mit. Das können Menschen vor unterschiedlicher Kulisse immer wieder erleben. Ob beim Empfang der Sternsinger im Kanzleramt oder beim Katholikentag, selbstverständlich auch bei den Gottesdiensten der Politiker etwa zu Beginn der Parteitage. Andere müde Parteifreunde hocken da noch verschlafen in den Bänken, während die Vorsitzende schon ein Loblied anstimmt. Religiöse Lieder kennt Angela Merkel oft auswendig, und es scheint ihr ein Vergnügen zu sein, mit einzustimmen, wenn andere ihr ein Ständchen bringen. Einmal im Jahr besuchen als Heilige Drei Könige gekleidete Kinder und Jugendliche die Regierungszentrale. Die 27 katholischen Diözesen Deutschlands entsenden Delegationen, die an die Weihnachtsbotschaft erinnern und zu Spenden aufrufen. Die Tradition stammt noch aus Bonner Zeiten, im pompösen Berliner Kanzleramt wirkt der Einzug der buntgewandeten Kinder wie ein starker Kontrast zum grauen Regieren. Kanzler Gerhard Schröder hat die Sitte aufgenommen, Angela Merkel führt sie fort. Liedzettel lehnt sie regelmäßig ab, die meisten Weihnachtslieder trällert sie einfach so fröhlich mit. Die Verblüffung bei Kameraleuten und Fotografen – und den Kindern – ist perfekt, wenn die Kanzlerin sich in den Chor einreiht. Und oft kennt sie nicht nur die ersten bekannten Zeilen, sondern auch mehrere Strophen auswendig.

Im Gespräch mit Herlinde Koelbl beschreibt sie 1991, zu einem sehr frühen Zeitpunkt ihrer politischen Karriere, noch sehr unverstellt ihren Zugang zum Glauben. Zunächst erklärt sie, dass „ein Mensch nicht dadurch gläubig wird, dass er im

Pfarrhaus aufwächst."[51] Sie habe ihren Weg selbst entschieden, für diese Freiheit, die ihre Eltern ihr gegeben haben, sei sie dankbar. Dann ihr Credo:

„Ich glaube, dass diese Welt begrenzt ist und dass über ihr etwas ist, was die Welt erst erträglich gestaltet, ob wir es nun Gott oder eine übergeordnete Größe nennen. Und dass uns dieses übergeordnete Prinzip zu bestimmten Leistungen fähig macht. Wahrscheinlich ist mein Glaube nicht gerade vorbildlich, denn ich tendiere dazu, an guten Tagen weniger zu glauben als an schlechten Tagen. Aber ich finde es beruhigend, dass

Kirchen sind für Angela Merkel besonders auch Orte des Gesangs: Darüber spricht sie bei der Wiedereröffnung der Dresdener Frauenkirche im Januar 2006.

es so etwas wie die Kirche gibt. Es entlastet mich und hilft mir, in meiner Begrenztheit gut zu leben. Dass der Mensch sündigen darf und ihm dies vergeben wird, ist für mich eine Erleichterung. Sonst würde man ja verrückt werden."[52]
Schließlich beschreibt sie ihren praktischen Zugang zum Glauben: „Obwohl ich früher Physikerin war, suche ich in der Kirche nicht das Rationale, weshalb mich Predigten nicht besonders reizen. Was ich suche ist eher das Emotionale. Ich liebe es zum Beispiel, in Gottesdiensten zu singen."[53]
In ihrer Templiner Heimatgemeinde war sie im Kinderchor. Die Kirchenmusikerin Helena Neumann hatte dort in der evangelischen St.-Maria-Magdalenen-Gemeinde Ende der 1960er Jahre einen neuen Kinder- und Vorschulchor gegründet. Wie die Gemeindechronik vermeldet, war es bisher ungekannt, dass schon Dreijährige mithilfe von Orff-Instrumenten mit Musik in Berührung kommen. Angela Merkles Geschwister Irene und Marcus haben in der Gemeinde auch Instrumente gelernt. Vor einiger Zeit in einem Fernseh-Interview erzählt sie, dass sie den Chor vermisse. Heute trällere sie nur noch „beim Kartoffelschälen und beim Abwasch". Das reiche ihr eigentlich nicht aus. „Noch mehr Spaß macht es einfach, wenn man es mit anderen zusammen macht."
Doch für Angela Merkel ist Singen nicht einfach nur Trällern, es kann auch Ausdruck ihres Glaubens sein, wie sie wiederholt erklärt hat. Im Zusammenhang mit dem Wert Tradition und mit religiöser Erziehung hat sie das einmal sehr deutlich erklärt. Zum religiösen Wissen gehöre auch eine Fähigkeit, den Glauben in den Alltag zu übersetzen. Wenn dieser Bestand an christlichem Erbe nicht gepflegt werde, werde es auch in den Familien schwer, etwa religiöse Feste in Würde zu feiern. Dazu gehören an zentraler Stelle Lieder, so die heutige Kanzlerin.
„Deshalb ist es mir so wichtig, dass wir bei aller Verschiedenartigkeit einfach auch bestimmte Dinge immer und immer

wiederholen. Es gibt heute eine Tendenz, dass z.B. auf den Kirchentagen immer neue Lieder gesungen werden. Ich habe manchmal richtig Sehnsucht danach, das wir wenigstens noch die Lieder singen, die wir früher einmal gekonnt haben, und dass wir auch in diesen Fragen ein Stück Tradition und Beständigkeit pflegen."[54]

Angela Merkel sagt das im Juni 2004 auf der Bundestagung des Evangelischen Arbeitskreises, wo sie mit solchen Worten viel Zustimmung erntet. Bei einigen Protestanten stößt sie mit dem Traditionswunsch vielleicht auf Gegenliebe. In ihrer Einmischung in innerkirchliche Angelegenheit bleibt sie meistens zurückhaltend. Nur manchmal überrascht sie doch mit einem deutlichen Wort in die eigene Kirche hinein. So wie es mit allen Dingen ist, die den persönlichen Glauben betreffen. Sie sagt selten etwas, dann aber doch oft überraschend offen. So gab sie 2005 der TV-Zeitschrift „Bildwoche" ein Interview und bekannte, dass sie fast jeden Tag bete. Besonders interessant war jedoch ihre Absage an ein Beten für den Wahlerfolg. „Um politische Ziele zu beten, finde ich unredlich", sagte sie. In ihren Gebeten gehe es um Gesundheit und Kraft. „Den Rest muss ich schon alleine schaffen." Einige Publizisten wollen ihr daraus mangelndes Gottvertrauen ableiten, im Kern verdeutlicht es wieder einmal ihre Trennung von gelebtem Glauben und konkreter Politik.

Vor den CDU-Parteitagen versammelt sich die Partei traditionell in einer Kirche. Angela Merkel tat sich, wie bereits gesagt, schwer, diese Tradition aufzunehmen. Auch mag sie nicht mit derart großer Lust im prächtigen Berliner Dom unter Fernsehbeobachtung in der ersten Reihe zu sitzen, wie das ihr Vorgänger Gerhard Schröder aus anderen Gründen gerne tat. Der Gottesdienst selbst aber scheint ihr wichtig. Zumindest betont sie ihre persönliche Wertschätzung für die Feier des Glaubens in Gemeinschaft gerne – auch wenn man die praktische Ausübung dessen bei ihr von außen kaum beobachten kann.

Sie spricht im Gespräch mit Hugo Müller-Vogg über die Bedeutung des Glaubens und hebt diese über eine rein moralische oder auf sich selbst bezogene Dimension hinaus. Es geht auch ihr um Glaubensvollzug und Praxis. „Der Glaube ist für mich in jedem Fall eine Erleichterung. Dann aber gibt es noch eine ganz andere Ebene, die bei mir eine Rolle spielt: Es macht mir Spaß, in der Gemeinschaft eines Gottesdienstes mitzusingen. Das hat etwas Befreiendes."[55]

Von ihrem Vater wird berichtet, er habe in der Pfarrkirche in Templin auch moderne Dinge ausprobiert. Er, der nicht der Ortspfarrer war, kam von der Enklave, dem Waldhof, und zeigte der Gemeinde einmal, dass es auch anders geht. Sonderlich begeistert seien seine neuen Predigtansätze, bei denen auch das Gottesvolk zu Sprache kommen sollte, in dem eher konservativ-protestantischen Milieu aber nicht angekommen sein, heißt es von Zeitzeugen. Wie seine Tochter damals als Jugendliche und junge Frau über die Experimentierfreude ihres Vaters gedacht hat, ist nicht bekannt. Nur dass sie zu den Kindergottesdiensten ging, ist überliefert. Auch wie ihr Gottesdienstbesuch während des Studiums in Leipzig und später in Berlin ausgesehen hat, will keiner so genau wissen. In der Gethsemane-Gemeinde, zu der sie sich zugehörig fühlte, war sie wohl eher nicht jeden Sonntag zu sehen. Umso erstaunlicher erscheinen die Überlegungen von Angela Merkel beim Evangelischen Kirchentag 2005 in Hannover. Dort widmet sie sich, wie in anderem Zusammenhang schon erwähnt, einem alttestamentlichen Stück. Und es kommt zu einer denkbar starken Auseinandersetzung mit protestantischer Gegenwart. Sie analysiert den Prophetentext Maleachis und legt seine Mahnung angesichts einer gottlosen Umgebung dar. Bei aller Vorsicht überträgt sie die 2.500 Jahre alte Geschichte auch auf die Jetztzeit des Glaubens und fragt nach der heutigen Präsenz Gottes. „Leben nicht die meisten Menschen in unserem Land und in Europa längst, als wenn Gott abwesend wäre?" Der

Prophet wolle an Gott erinnern, das sei heute ebenso nötig, sagt sie.

„Ich frage mich vor dem Hintergrund dieser prophetischen Mahnung heute auch: Haben wir – gerade auch wir deutsche Protestanten – überhaupt noch ein rechtes Bewusstsein davon, dass ein lebendiger Glaube neben ethischer Gesinnungsforderung und gesellschaftlich-politisch geübter Verantwortung – was alles wichtig ist! – auch wesentlich etwas mit „Kultus" zu tun hat?"

Die – was Glaubensdinge angeht – oft so zurückhaltend empfundene CDU-Vorsitzende fährt hier eine deutliche Kritik der religiösen Realität in Deutschland auf. Und obwohl gerade sie so wenig im religiösen Kultus sichtbar ist, verlangt sie nach Kultus statt nach Moral oder gesellschaftlichem Handeln. Soll hier die Religion, vielleicht sogar die Kirche, aus der Politik herausgedrängt werden. Oder ist es nicht vielmehr die Erkenntnis, dass eine Religion von der Praxis ihrer selbst – das heißt etwa dem Gottesdienst – wieder neu belebt werden müsste?

Kultus hat ihrer Meinung nach, „mit gelebten und gefeierten und im Gottesdienst sinnlich erfahrbaren Ritualen" zu tun, „mit der Pflege von Frömmigkeitspraxis, mit Gebeten mit gelerntem und verinnerlichtem Katechismus, Liedern und Bibelstunden". Weiter fragt sie, ob sich dass denn in den Gemeinden überhaupt noch finden lasse. Sie schließt ihr Plädoyer mit dem Satz: „Wie pflegen wir unsere diesbezügliche Identität? Glaube, gerade auch wenn er den kommenden Generationen weiter vermittelt werden will, bedarf auch der Formgebung und der bewusst liebevollen Gestaltung."

Kritiker mögen einwenden, diese eher konservativ-religiöse Darlegung entstamme der Feder eines Redenschreibers im Konrad-Adenauer-Haus, der mit der Zunge seiner Chefin Kirchenpolitik betreiben will. Wie weit sie sich solche Sätze diktieren lässt, ist fraglich. Sicher sagt sie sie nicht ohne eine weitgehende Übereinstimmung. Ein Liebäugeln mit dem Katholizismus lässt sich daraus nicht ableiten. Der Pomp der römischen Kirche soll, so sagen Vertraute, ihr immer sehr fremd geblieben sein, wenngleich sie eine gewisse Wertschätzung für Papst Benedikt XVI. einräume. Ihr gefällt seine Betonung der Vernunft im Nachdenken über den Glauben. Und vom Zeremoniell nach dem Tod von Johannes Paul II. und der Wahl des neuen Kirchenoberhauptes soll auch die uckermärkische Protestantin sich habe beeindrucken lassen, wissen Begleiter. Die Oppositionsführerin war damals spontan noch mit Kanzler Schröder und Innenminister Otto Schily in der Regierungsmaschine mitgeflogen. Ein ungewöhnlicher Vorgang für ein welthistorisches Ereignis.

Es bleibt eine Liebe zum Singen, eine Freude am gemeinschaftlich gefeierten Gottesdienst und dem Wissen um die Wichtigkeit von Kultus und Ritual für den Glauben und die Weitergabe des Glaubensgeschenks – alles das Eigenschaften, die Angela Merkel im gewohnten Bild oft nicht zugetraut werden. In der „Politikerbibel", die 2006 zum zweiten Mal von Karl Jüsten und Stephan Reimers herausgegeben wurde, kommentieren Politiker Bibelstellen. Angela Merkel wählt ihren Konfirmationsspruch und schreibt dazu: „Der Glaube ist das sichere Vertrauen auf Gott, zu dem der Mensch im Leben immer wieder Zuflucht nehmen kann. Die Hoffnung ist genau diese feste Zuversicht auf das, was von Gott an Heilsamem zu uns kommen wird, ohne jedoch schon gegenwärtig und erfahrbar zu sein. Die Liebe aber ist die entscheidende Kraft, die uns Gottes Nähe wirklich erfahren lässt, uns füreinander öffnet und uns über uns selbst und unsere alltäglichen Sorgen und Probleme hinaushebt. Sie ist das Band, das alles zusammenhält. Ohne sie wäre unser Leben arm, ziellos und ohne Perspektive."

Ihre Partei und das hohe „C“ – Bloß nicht schwadronieren

Die Einladung für den 17. Juli 2004 hat Verwirrung gestiftet. Bei vielen Abgeordneten, Parteifreunden und anderen Funktionsträgern der Berliner Öffentlichkeit landete sie zunächst auf dem Stapel für Absagen. Ein Vortrag im Konrad-Adenauer-Haus unter dem Titel „Gehirn – Ein Beispiel zur Selbstorganisation für komplexe Systeme“ wurde angekündigt. Das Ganze lief unter der Rubrik „Berliner Gespräche – Spezial“. Solche Art Veranstaltungen produziert die Hauptstadt im Überfluss. Meist findet sich weniger das politische Personal ein als eine interessierte Öffentlichkeit, die die Schauplätze der Macht besichtigen will. Dass diese Einladung nicht massenhaft verschickt worden war, sondern durchaus exklusiven Charakter hatte, verriet sie erst auf den zweiten Blick. Im Kleingedruckten war vermerkt, dass im Anschluss an den Vortrag Gelegenheit sei, der Vorsitzenden der Christlich Demokratischen Union Deutschlands zum 50. Geburtstag zu gratulieren. Dass allerdings war eine doppelte Sensation. Zum einen hatte Angela Merkel damit erstmals einen zunächst privaten Termin zu einem halböffentlichen Ereignis gemacht. Sie hatte zu ihrem Geburtstag eine größere Anzahl von Gästen in die Parteizentrale geladen. Das hatte es zuvor noch nicht gegeben. Zum anderen aber hatte sie einen Geburtstagsempfang mit einem wissenschaftlichen Vortrag verbunden, was gleichsam originell wie gewöhnungsbedürftig für die Eingeladenen war. Die Festgesellschaft musste sich zunächst durch den hochwissenschaftlichen Fachvortrag von Professor Dr. Wolf Singer hindurcharbeiten, der – mit Power-Point-Präsentation unterlegt, englisches Fachvokabular nicht scheuend –

durchaus ungewohnte Kost bot für die mit mundgerechtem Fingerfood verwöhnte Meute von Politik-Professionals im Berliner Tiergarten.
Dahinter schlummerte die weitere Sensation. Singer war und ist nicht nur ein bekannter Hirnforscher, sondern er überträgt seine naturwissenschaftlichen Erkenntnisse gerne auf andere gesellschaftliche Systeme wie Politik und Wirtschaft. Seine provokanteste These lautet, dass es den freien Willen nicht gebe, er sei nur eine Illusion, in Wirklichkeit entschieden Mechanismen im Gehirn. Daraus folgert der Satz, man solle aufhören, von Freiheit zu sprechen. In einem Text für die „Frankfurter Allgemeine Zeitung" vom Januar 2004 hatte er bereits dafür geworben, lieber von bewussten und unbewussten Prozessen auszugehen, dies trage der modernen Hirnforschung Rechnung. Dass zum Geburtstag von Angela Merkel ein Festredner spricht, der die menschliche Freiheit kleinredet, verblüfft Anwesende wie Beobachter, erscheint fast schelmisch im Nachhinein. Hinzu kommen Singers Betrachtungen zu Religion und Kirche, die er als zusammenbrechende Systeme charakterisiert. Der Journalist Patrick Bahners kommentiert nach Singers Geburtstagsständchen den Vorgang in der FAZ: „Dass sich die Vorsitzende der CDU zu ihrem Geburtstag als Festredner einen Forscher wünschte, der das Christentum zu einer wissenschaftlich überholten Denkform erklärt, ist ein historisches Datum." Und er vermerkt in seinem Text, dass Kardinal Karl Lehmann verspätet eingetroffen ist. Früher in der alten CDU wäre vielmehr Lehmann zuständig gewesen für solche Geburtstagsreden mit einer Prise Grundsätzlichem, für solche „existentialistischen Exerzitien". Sicher kein Naturwissenschaftler, kein Hirnforscher, schon gar nicht jemand, der mit Freiheit, dem Glauben und dem Gewissen jongliert wie andere, vielleicht allenfalls die Berliner Sozialdemokraten, das tun würden. Vor allem hätte irgendwo ein Bekenntnis zum „C" vorkommen müssen. Annette Schavan holte dies in einer

launigen Laudatio an diesem Festtag nach. Es sprach auch noch Guido Westerwelle, der ausgerechnet den 50. Geburtstag der CDU-Vorsitzenden nutzte, um seine Homosexualität öffentlich zu machen und seinen Lebenspartner dem neugierigen Berliner Boulevard vorzustellen. So war es Westerwelle nebst Partner, der am Tag darauf die Berichterstattung über die ungewöhnliche Geburtstagsparty dominierte. Doch in der Partei rumorte es. „Mich hat die Art der Veranstaltung verletzt“, gab ein früherer Kohl-Mitarbeiter und noch immer in höherem Amt befindlicher Parteisoldat bekannt. Für ihn sei sie das Ende der christlich dominierten CDU gewesen. Die Einladung Singers sei taktlos gewesen, habe ihm einen Stich gegeben, so ein anderer CDU-Mann.

Doch der Singer-Vortrag zeigt mehr als vieles andere, wie Angela Merkel sich ihre CDU vorstellt, gerade auch den Umgang mit dem „C“ in der CDU. Zunächst hat sie Singer sicher eingeladen, weil sie eine Freude am Unkonventionellen hat, an der Provokation. Diese ihre Eigenschaft wird häufig übersehen. Vor allem aber muss in ihrer Art von Politik das ständige Hinterfragen der eigenen Position die wichtigste Tugend sein. Nicht die ständige Selbstbestätigung (und Selbstbeweihräucherung) würde den persönlichen Standpunkt stärken, sondern gerade die Auseinandersetzung mit konträren Argumenten, mit schmerzenden Entgegnungen, die das eigene Denken schärfen. Singer weist nicht den Weg zu einer neuen CDU ohne „C“, weil ohne personelle Freiheit weder ein Christenmensch noch ein christliches Menschenbild zu zeichnen wäre. Sondern der Singer-Vortrag zeigt, dass sich die CDU in einer Zeit schwindender Selbstverständlichkeiten wieder anstrengen muss, um sich das „C“ neu anzueignen. Dazu muss sie sich mit aktuellen Entwicklungen beschäftigen, sich provozieren lassen.

Annette Schavan bemühte dazu in ihrem Beitrag das Wort von Franz-Josef Strauß, konservativ heiße an der Spitze des Fortschritts zu marschieren. Die Journalistin Jacqueline Boysen will gar erkennen, das Singers politische Schlussfolgerungen im Sinne Merkels seien, da er davon spricht, das „nicht-lineare Systeme – wie Gesellschaften – nicht steuerbar" seien. Das wäre über die Hintertür wieder die Chance der Freiheit. Der Autor Hajo Schumacher wiederum sieht in Singers Darlegungen, der Mensch sei nur zu kleinen Schritten fähig, die Begründung für Merkels unideologische Art, Politik zu machen.[56] Singer sei demnach doch ihr Kronzeuge. Bahners ist schlicht erstaunt von der „Banalität" des Singerschen Politikversuchs. Die Jubilarin äußert sich später und wählt ausgerechnet die Frauenzeitschrift „Brigitte", um ihre Haltung zu den Erkenntnissen der Hirnforschung und deren Anwendungsmöglichkeiten für das Leben und die Politik klarzustellen. Wieder so eine Merkelsche Überraschung: „Die moderne Hirnforschung ist sehr faszinierend. Aber manche Thesen, die daraus abgeleitet werden, erinnern mich an die vermeintliche Erkenntnis der Kosmonauten, die gesagt haben: Wir waren im Weltraum, aber haben Gott nicht gesehen. Die Debatte um den freien Willen sollten Hirnforscher den Philosophen überlassen." Und sie fügt noch an: „Deshalb empfinde ich keine Bedrohlichkeit von der Naturwissenschaft, da bin ich ganz ruhig." Die Geschichte mit den Kosmonauten hat eine biografische Wurzel. Mitschüler berichten, dass Lehrer die gläubigen Kameraden in der Schulklasse mit solchen Argumenten traktiert und sie der Lächerlichkeit preiszugeben versucht haben. Merkel lässt sich ihren Gott nicht nehmen, auch im wiedervereinigten Deutschland nicht, weder von den Kirchen noch den Hirnforschern.

Angela Merkel und das hohe „C" der CDU: das ist vor allem eine Geschichte der Verunsicherung – und zwar wechselseitig. Merkel trifft 1990 auf eine Union, die das „C" in Teilen noch vor sich herträgt wie eine Monstranz, obwohl die Mehrheit im Land nicht mehr weiß, was eine solche ist, geschweige denn etwas anfangen kann mit einer Fronleichnamsprozession, bei der der Leib Christi in Form der Hostie durch die Straßen getragen wird. Das ist die Funktion einer Monstranz im katholischen Ritus. Angela Merkel ist diese Vorstellung der „Realpräsenz" Christi – nebenbei gesagt – übrigens sehr fremd, das bekennt sie einmal gegenüber einem Kollegen. Weder die katholische noch die lutherische Position, vielmehr doch eine reformierte Sicht, die im Abendmahl nur eine zeichenhafte Handlung sieht, ist ihr nahe. „Wie hältst Du es damit?", hat sie den evangelischen Parteifreund gefragt. Die Pastorentochter aus Templin wird eine der wenigen Abgeordneten des Bundestages sein, die sich schon mal intensiv mit dieser Frage beschäftigt hat.

Auf der anderen Seite trifft die gerade vom katholisch-barocken Kohl-Kanzler befreite Union auf diese nüchterne Physikerin, die mutmaßlich mit Gott nichts mehr am Hut hat, so wie es doch bei der Mehrheit im Osten der Fall sei, so argwöhnen manche. Merkels Skepsis gegenüber den katholischen Unionisten und umgekehrt deren Zweifel am Glauben der ostelbischen Protestantin halten an. Bis heute. Es gibt Beruhigungen an der Front, doch nach wie vor gibt es skeptische Rufe, die das Christliche und ihre Bekenntnisse zum „C" für eine Chimäre halten. Daraus ergibt sich die Schwierigkeit der Debatte über das „C", die ja nicht aus übergeordneten Gründen, sondern ganz praktischen Überlegungen wichtig für die Union ist, schließlich ziert das Attribut des Christlichen prominent den Parteinamen.

Auf die Frage, warum sie 2000 nach ihrer Wahl zur Parteivorsitzenden bei der Nennung der drei Wurzeln von einer sozialen, einer konservativen und einer liberalen gesprochen, das Christliche oder Christlich-Soziale aber nicht erwähnt habe, antwortet Merkel mit einer Verstärkung des vielbemühten „C". „Das ‚C' ist für mich nicht einfach eine Wurzel, sondern Kern – wenn Sie so wollen Dach von allem. Das ‚C' hat demnach eine ganz grundsätzliche und zugleich übergeordnete Bedeutung."[57] Gerade im traditionellen christ-sozialen Flügel wird in so einer Heraufsetzung eher eine Abschwächung gesehen, auf jeden Fall verstärkt es die Sorge, das Christliche könne in die Sphäre des Unverbindlichen abgeschoben werden. Für die Durchsetzung der handfesten Anliegen einer christlichen Sozialpolitik würde dann die des verstärkenden Attributs beraubte Wurzel des Sozialen nicht mehr die Kraft haben. Das Ende der Herz-Jesu-Marxisten geistert dahinter. Künftig könne auch der Marktliberale sich unter dass christliche „Dach" stellen, mag man vermuten.

Angela Merkels Ausgangspunkt für die Überlegungen zum „C", die sie allerdings nicht unbedingt prominent anstellt, ist die Säkularisierung der Gesellschaft und der Union gleichermaßen, die weder unter ihr begonnen hat, noch von ihr beschleunigt wurde. „Leben nicht schon die meisten Menschen in unserem Land und in Europa beispielsweise längst, als wenn Gott abwesend wäre?", fragte sie 2005 auf dem Evangelischen Kirchentag. Das ist eine Frage, die sie mehr umtreibt als die Frage der Rechtgläubigkeit. Es ist ein mangelndes Hinsehen auf die reale Lage, was sie den vermeintlichen „Profi-Christen" in den eigenen Reihen mitunter vorwirft. Im Interview mit „Radio Vatikan" aus Anlass ihres 50. Geburtstags bekennt sie sich wortreich zum „C". Doch sie erklärt schlicht: „Natürlich ist im 21. Jahrhundert das ‚C' für uns eine Herausforderung, weil es leider immer weniger Christen gibt." Das sei die Ausgangslage, die für eine Partei entscheidend ist, die Wahlen gewinnen will. Es ist eine Machtfrage. „Die CDU muss sich mit dem Wahlverhalten in den Ballungsgebieten, bei den nicht kirchlich gebundenen Bürgern und insbesondere bei Frauen auseinandersetzen. Wer das bestreitet, setzt die Zukunft der CDU aufs Spiel."[58] Die Union muss demnach eine programmatische Öffnung vollziehen, die sich nicht an bestimmten Glaubensüberzeugungen festmacht, nicht einmal an bestimmten Glaubensrichtungen – oder am Glauben schlechthin. In der christlichen Union sind Atheisten und Agnostiker willkommen, genauso wie Juden und Muslime. Daraus ist der Umkehrschluss gezogen worden, möglicherweise gehöre Merkel selbst in die Kategorie der Ungläubigen. Inzwischen hat sich herumgesprochen, dass dies doch eine vorschnelle Befürchtung war. Die Konsequenzen aus dieser Öffnung sind in der Familienpolitik und der Zuwanderungspolitik zu betrachten, auch im Bereich der Haltung zur Homosexualität bis hin zu Fragen der Bioethik. Zudem ist festzustellen, dass diese Pluralisierung eben ein Prozess ist, den die Kirchen gleichermaßen durchmachen. So weist der CDU-Mann und prominente katholische Laie Hermann Kues darauf hin, dass mitunter katholische Bischöfe den Frust über die mangelnde Geschlossenheit des eigenen Ladens an der Union abladen.

Als Angela Merkel als Vorsitzende 2003 zum ersten Mal den Vatikan besucht, hat sie neben der Audienz beim damaligen Papst Johannes Paul II. auch einen Termin im Heiligen Offizium, gleich neben dem Petersplatz, mit dem Chef der Glaubenskongregation, dem deutschen Kardinal Joseph Ratzinger. Beide vertieften sich in die Frage nach der christlichen Politik, die Pragmatikerin trifft den Mann fürs Grundsätzliche. Es heißt, man habe sich gut verstanden. Merkel selbst plaudert später vor katholischen Kollegen über das Gespräch in den ehrwürdigen Räumen der früheren Inquisition. Auch ohne Daumenschrauben habe sie versichert, dass immer ein Christ den Vorsitz der Union innehaben werde und auch unter den Führungspositionen der Union die Dominanz von Kirchenmitgliedern gewahrt bleibe. In Wirklichkeit kann sie das gar nicht garantieren. Vielmehr konnte Ratzinger allenfalls durch die Beteuerungen erkennen, wie es sich mit Angela Merkel verhält, dass eine Christin der Partei vorsitzt und nicht eine christlich maskierte, in Wahrheit ungläubige Physikerin aus dem Heidenland. Aber natürlich lernt er auch die Machtpolitikerin kennen. Seinen Wunsch, die CDU möge christlicher werden in einer immer weniger christlich geprägten Umgebung, gab Merkel zurück. Die Kirchen seien für die Christen und die Mission zuständig, nicht in erster Linie die Politik. Vielmehr fehle leider christlicher Nachwuchs in der Politik,

Benedikt XVI. kennt Angela Merkel schon aus seiner Zeit als Präfekt der Glaubenskongregation. Die Protestantin und der Theologe haben sich seitdem dreimal getroffen, zuletzt 2006 in München bei dem Besuch des Papstes in seiner bayerischen Heimat.

darin sehe sie eher kirchliches Versagen. In drei Treffen hatten Merkel und dann der zum Papst Benedikt XVI. gewählte Kardinal Ratzinger Gelegenheit, dieses erste Gespräch fortzusetzen. Sie sahen sich 2005 am Rande des Weltjugendtages in Köln. Zweimal traf das deutsche Kirchenoberhaupt dann noch auf Merkel als deutsche Regierungschefin. Eine Konstellation, die es seit dem Mittelalter nicht mehr gegeben hat, dass sich teutonische Führer mit einem Landsmann auf dem Stuhl Petri konfrontiert sehen. Merkel besuchte den Papst im August 2006 auf Castel Gandolfo und sie sprach noch einmal mit ihm im September desselben Jahres in der bayrischen Staatskanzlei am Rande seines Heimatbesuchs.

Aus einer Partei von Protestanten und Katholiken, die nach dem Krieg die konfessionellen Unterschiede überwinden wollten – auch als Lehre aus der Weimarer Republik – ist eine Partei geworden, die das „Christliche" als Begriff retten muss, auch wenn einige der handelnden Personen sich nicht mehr primär als Christen definieren oder zumindest ihr politisches Handeln nicht primär aus dem Christsein heraus ableiten wollen. Der Selbstfindungsprozess um das „C" ist eine Folge der Pluralisierung und Entkirchlichung der Gesellschaft, aber auch der Privatisierung des Glaubens, für den Angela Merkel auch steht. Den Prozess, der in der Union im Gange ist und für den Merkel zum Katalysator wird, beschreibt der Politologe Langguth: „Merkels Antrieb der CDU zum Eintritt in die Moderne, ihre Vermutung von Planbarkeit der Politik war klassischen Konservativen wie auch katholischen Denkern stets ein Dorn im Auge. Hierin liegt der Kern der Skepsis des in einer Zeit der Säkularisierung schwächer gewordenen Katholizismus gegenüber der ostdeutschen Protestantin Merkel: Ihr Pathos der Modernität und des Individualismus ist ihnen fremd."[59] Sie sehen die katholische Soziallehre verraten, so Langguth weiter, wenn Merkel zu sehr die Segnungen des wirtschaftlichen Liberalismus preise. Sie sehen die Prinzipien der Subsidiarität und der Solidarität vernachlässigt.

Bleibt die Frage, was mit dem „C" passiert. Kardinal Meisner spricht der Union ihre Christlichkeit ab, jedes Mal, wenn sie seiner Meinung nach gegen die katholische Lehre verstößt. Jüngst noch am Tag vor Weihnachten 2008, als er zum wiederholten Mal gegenüber einem Boulevardblatt die Entscheidung in der Frage der Stammzellforschung als mit dem „C" für unvereinbar erklärte. Das ist für viele in der Partei nicht nur ärgerlich, sondern verzerrt das Bild. Nicht nur ist die Union auch eine protestantische Partei, mehr noch kann man einem Kirchenmann nicht ständig die Definitionsmacht über einen Teil des Parteinamens abtreten. Um das „C" handhabbar zu machen im post-säkularen Politikbetrieb einer zunehmend nicht gottlosen, aber weniger kirchlichen Gesellschaft, entstand der Begriff des „christlichen Menschenbildes". Dazu ist dem Christlichen – man kann es so scharf formulieren – in gewisser Weise der Glaubensaspekt amputiert worden. Das „Christliche" wird in der Union fortan als das „Wertefundament" gesehen. Der Gottesbezug wird nicht ausgeblendet, auch der Glaubensaspekt kann mitschwingen. Doch im Kern wird eine praktisch-ethische Richtschnur gefunden, die die Öffnung der Partei ermöglicht.

Im sogenannten „Berliner Programm" der CDU aus dem Jahr 1968 lautet die zweite Passage der Präambel: „Die Christliche Demokratische Union Deutschland orientiert sich am christlichen Glauben und Denken." Diese Verknüpfung ist heute so direkt nicht mehr machbar, den Gottesglauben direkt zur Grundlage der Politik zu erheben. Weiter heißt es: „Politik aus der gemeinsamen Verantwortung der Christen in der Welt richtet sich auf die Freiheit der Person, die sich der Gemeinschaft verpflichtet weiß, auf die Gerechtigkeit für jedermann und auf die Solidarität, die auf der Eigenverantwortung der Person aufbaut." Der zweite Teil des Absatzes ließe sich fast auf heute übertragen, doch heute fehlt eben der Bezug zu den „Christen in der Welt". Heute geht es um alle Menschen. Es bleibt ein abstrakter Begriff des Christlichen, der lediglich noch die Substanz transportiert, das Leben und die Lebenspraxis aber sachte beiseiteschiebt. Das liest sich im Grundsatzprogramm von 1994 so:

„Unsere Politik beruht auf dem christlichen Verständnis vom Menschen und seiner Verantwortung vor Gott. Für uns ist der Mensch Geschöpf Gottes und nicht das letzte Maß aller Dinge. … 2. Wir wissen, dass sich aus christlichem Glauben kein bestimmtes politisches Programm ableiten lässt. Aber das christliche Verständnis vom Menschen gibt uns eine ethische Grundlage für verantwortliche Politik. … Dies ist die Grundlage für das gemeinsame Handeln von Christen und Nichtchristen in der CDU."

Entscheidend ist also, dass die Nichtchristen ins Boot geholt wurden und aus dem Glauben das „christliche Verständnis vom Menschen wurde". Der etwas sperrige Begriff wurde dann noch weiter modelliert. Jetzt heißt es „Das christliche Menschenbild". „Das ‚C' bedeutet, dass wir uns von einem christlichen Menschenbild prägen lassen, von einem Menschen also, der frei ist, der aber in der Verantwortung vor Gott steht, der nicht übermütig ist, sondern den Auftrag aus der Bibel erfüllt ‚Macht Euch die Erde untertan' verantwortlich immer an die nächste Generation denkend", so erklärt Angela Merkel es bei Radio Vatikan.

Im Dezember 2007 verabschiedet die CDU in Hannover ihr neues Grundsatzprogramm. In der Präambel heißt es nun: „Wir orientieren uns am christlichen Bild vom Menschen und seiner unantastbaren Würde und davon ausgehend an den Grundwerten Freiheit, Solidarität und Gerechtigkeit." Der Begriff des christlichen Menschenbildes ist gestaltbar, vor allem hat die Partei selbst die Hoheit über diesen Begriff, mehr als beim Attribut „christlich" allein, bei dem noch stärker die Kirchen die Hand draufhalten. Aus dem christlichen Menschenbild fließen dann – nach Lehre der Union – die Grundwerte Freiheit, Solidarität und Gerechtigkeit, die die C-Partei übrigens mit den Sozialdemokraten gemeinsam hat. So zeigt sich ein Werte- und Bedeutungsgebäude, in dem sich alle Flügel und Richtungen, alle Weltanschauungen und Denk-

richtungen einsortieren können. Natürlich nicht völlig beliebig, aber doch recht flexibel. Es gilt die Formel, dass die Bibel kein politisches Programm ist und sich keine konkreten Handlungsanweisungen aus dem Evangelium ableiten lassen. Böse Zungen nennen das die Sozialdemokratisierung des „C".
Wo steht Angela Merkel in diesem Prozess der Neudefinition des „C"? Dass die Partei als Ganzes keine „gläubige Partei" sein kann, würde ihrer Auffassung wohl entsprechen. Für sie ist eine Scheidung der Sphären der richtige Weg. Glauben gehört zum Individuum, auch noch zu den Kirchen, nicht aber festgezurrt – quasi unabhängig von der Person – in die Politik und ihre Institutionen und Positionen. Alle Dogmatik ist ihr fremd. Unions-Fraktionschef Volker Kauder (CDU) hat in der „Frankfurter Allgemeinen Zeitung" einen Grundsatzaufsatz zum „C" veröffentlicht, der den Begriff des Christlichen gleich im zweiten Absatz mit Leben füllt mit dem Begriff der Freiheit.[60] Er zitiert den Galaterbrief des Neuen Testaments. Der Mensch sei zur Freiheit berufen. Und gleich danach kommt Martin Luther mit dem berühmten Zitat: „Ein Christenmensch ist ein freier Herr über alle Dinge und niemandem Untertan. Ein Christenmensch ist ein dienstbarer Knecht aller Dinge und jedermann Untertan." Das gerade der Christ aus einer besonderen Freiheit heraus lebt, das zeichnet auch Angela Merkels Vorstellung aus. Die CDU muss ihrer Ansicht nach das „C" aus dem Freiheitsbegriff heraus lesen, aus der Freiheit des Einzelnen und seiner Beziehung zu Gott und aus der Verantwortung für das Gemeinwesen, die aus dieser Beziehung erwächst. Als sie diese Überlegungen ausgerechnet in der wiedererstandenen Dresdener Frauenkirche im September 2007 vor 700 sächsischen Pfarrerinnen und Pfarrern weiter ausleuchtete, war Ort und Anlass passend gewählt. Man hätte es eine Predigt nennen können, doch das will Merkel nicht, „Das Evangelium der Freiheit" ist ihr als Thema aufgetragen. Es sei nicht alltäglich, darüber zu sprechen, sagt sie, aber „als evange-

lische Christin in politischer Verantwortung fühle ich mich angesprochen". Sie verweist auf Paulus, der in seinen Briefen „von der Freiheit der Kinder Gottes, von der Freiheit durch die Bindung an Gott gesprochen" habe. Paulus habe um die befreiende Kraft des Glaubens gewusst unter Rücksichtnahme auf die Freiheit der anderen. Die Kirchen hätten immer um den Freiheitsbegriff gerungen und würden das wohl auch noch weiter tun, merkt sie kritisch an. Doch sie selbst bleibt bei ihrem schon fast unerschütterlichen Freiheitsoptimismus.

Erzbischof Robert Zollitsch, neuer Vorsitzender der katholischen Deutschen Bischofskonferenz, trifft Angela Merkel im Bundeskanzleramt. Das Verhältnis von Union und Kirche wartet auf eine Neubestimmung.

„Mehr Freiheit wagen" lautete ihre pathetische Losung bei ihrer Regierungserklärung im Dezember 2005, in Abwandlung des Brandtschen Satzes „Mehr Demokratie wagen". Vor den Pfarrern in Dresden wiederholt sie den Satz und sagt: „Mehr Freiheit wagen – das bedeutet, auf die Menschen zu

setzen, auf jeden Einzelnen, auf seine Kreativität, auf seine Individualität als Geschöpf Gottes."
Die CDU mit ihrem „C" als Kühlerfigur vorneweg kann also dem nur gerecht werden, wenn sie zunächst auf der inhaltlichen Ebene das Christliche zu einem reinen Wertebegriff degradiert und die Menschen, Parteimitglieder und Wähler, entlässt in die säkulare Umgebung. Angela Merkel will weg von einer Funktionalisierung des Glaubens und des Christlichen für die Politik. Die manchmal kuschelig gepflegte Nähe ist ihr geradezu zuwider. „Natürlich darf die Politik Gott niemals instrumentalisieren. Wir haben das zum Beispiel im Irakkrieg gesehen. Wer da alles versucht hat, den Papst für sich zu instrumentalisieren, fand ich schlimm. Das darf man niemals tun." Solche Instrumentalisierungen oder Funktionalisierungen hat es immer wieder gegeben. Solche unseligen Verknüpfungen finden sich auch in Merkels DDR-Erfahrung. Die Blockpartei CDU wurde im ostdeutschen Staat als die „Abteilung Kirche" der SED verspottet. Sie hingegen hat den Glauben als Schutz vor der Diktatur empfunden, deswegen darf man ihn auch jetzt nicht verzwecken. Er muss der Schatz des Einzelnen bleiben. „Durch meinen Glauben habe ich in dieser Zeit gelernt, dass es richtig sein kann, anders zu denken und anders zu entscheiden, als es andere Menschen tun. Das hilft mir heute in einer Zeit, in der allen alles gleichgültig scheint, denn es ist nicht alles gleich gültig. Das Christ-Sein und meine Erfahrungen, die ich als Christ sammeln konnte, schützen mich davor."[61] In der alten westdeutschen CDU war die Lage ganz anders. Christlich-kirchliches und politisches Engagement lagen bei einigen handelnden Personen so eng zusammen, dass aus dieser Identität eine gewisse wechselseitige Instrumentalisierung erwachsen konnte. Diese Nähe schwindet. Aus Merkels Verständnis heraus ist die vielleicht gar nicht so schlimm.
Doch reicht es aus, das „Werte-C" zu behalten und das „Glaubens-C" nur ins Private abzuschieben? Das Ende der Selbst-

verständlichkeiten im Leben der Union, in Abnabelungsprozessen vom katholischen Lehramt, in Auflösungsprozessen des vorpolitischen Raums (Messdiener, Pfadfinder, Bund Neudeutschland, etc.) birgt in diesem Sinne auch eine Chance. Denn gerade die zementierte Selbstverständlichkeit einer Christlichkeit in der Christenunion hat wohl dazu geführt, das eigene Bekenntnis zu vergessen, nicht zu ergründen bzw. nicht zu erfragen oder hinterfragen. Früher waren alle in der Union Christen, da haben viele nicht gelernt, dieses auch zu zeigen. Heute braucht die CDU möglicherweise aber mehr Christen, die als solche zu sehen sind, um das „C" mit neuem Leben zu füllen.

Für Angela Merkel ist das „C" eine zutiefst persönliche und individuelle Frage, dann eine gesellschaftliche – und schließlich auch eine politische. Doch diese Reihenfolge ist wichtig, und daraus ergibt sich, dass Christen in der Politik tätig sind, um Macht kämpfen, Probleme lösen, Entscheidungen treffen – nicht aber eine „christliche Politik" betreiben. Das würde der Politik nicht gerecht und schon gar nicht dem Glauben an Gott und seinen Sohn Jesus Christus. Wie aber kann die Rückgewinnung der christlichen Identität über den Einzelnen erfolgen? Mehr bekennende Christen fallen nicht vom Himmel in den Schoß der Union. Angela Merkel sieht die Kirchen in der Pflicht. Sie meint wohl auch, dass die Kirchen ihre eigentliche Aufgabe vernachlässigen.

Angela Merkel versucht, so könnte man es beschreiben, dem Begriff des christlichen Menschenbildes nicht nur einen Wertehorizont abzugewinnen, sondern auch einen politischen Tugendkatalog, der eben auf den Einzelnen und sein Handeln zielt. Weniger inhaltliche Positionen, aber mehr persönliche Haltungen müssen aus dem „C" herausdestilliert werden. Als die Bundeskanzlerin am 13. Juni 2006 zum Geburtstag des „Rheinischen Merkur" auf dem Petersberg bei Königswinter am Rhein sprach, erwarteten alle eine übliche „C"-Rede, wie sie schon so häufig gehalten wurde und wie es in der Herzkammer der alten rheinisch-katholischen CDU und ihres Organs für die uckermärkische Kanzlerin opportun zu sein schien. Sie enttäuschte ihre Zuhörer nicht, es waren die „üblichen Floskeln", stichelte ein Union-Urgestein im Anschluss. Doch ganz so war es eben auch nicht. „Politik und Religion, Gestaltungswille und Glaube – das sind jeweils verschiedene Dinge." Ein kleiner Satz, doch eben mit Sprengkraft. Das genau ist eben nicht rheinischer Katholizismus, der würde die Dinge nicht so auseinanderrücken. Vor allem in dieser Gegenüberstellung „Gestaltungswille und Glaube" drückt sich viel von Merkels Selbstverständnis aus, beides gehört unbedingt zu ihr, aber voneinander geschieden. Das christliche Menschenbild gebe keine Handlungsanweisungen, sagt sie, aber es biete Orientierung. Sieben Grundsätze leitete sie aus dem christlichen Menschenbild ab: Menschenwürde, Maß halten, vernünftig handeln, solidarisch handeln, nachhaltig denken, verlässlich sein, demütig sein. Keine Überraschungen im Großen und Ganzen.

Und doch wählt sie eine Form, die sie auszeichnet. Es sind nicht einfach die hehren Grundsätze, die sie auf den Sockel stellt, es sind politische Tugenden, die sie auflistet, es sind mehr Haltungen als Positionen. Vor allem zwei Begriffe tauchen in der Rede auf, die für sie charakteristisch sind: dienen und Demut. „Ich will Deutschland dienen", so hatte sie nach ihrer Nominierung zur Kanzlerkandidatin im Mai 2005 ihre Vorstellungsrede vor Journalisten im Konrad-Adenauer-Haus geschlossen. Ein sperriger Satz, ein emotionaler Satz, ein ungewöhnlicher Satz im politischen Jargon. Er stellt eine Bescheidenheit sehr demonstrativ heraus, doch gleichwohl transportiert er eben auch ein Selbstverständnis. Von Gerhard Schröder ist hingegen ein „Ich will hier rein" überliefert, das seinen frühen Willen zur Kanzlerschaft illustriert. Der Machtwillen ist bei Angela Merkel nicht minder groß ausgebaut, sie unterlegt ihn nur mit diesem Selbstverständnis, welches aus ihrem Glauben heraus begründet ist. Beim Auftritt in Königswinter zitiert sie ausgerechnet ein römisches Dokument, die Pastoralkonstitution „Gaudium et Spes“ des Zweiten Vatikanischen Konzils (1962 bis 1969), um den Begriff des Dienens herzuleiten. Das Dokument, inzwischen auch gelegentlich kritisiert, gilt als Meilenstein der Kirchengeschichte, da es die Öffnung der Kirche zur modernen Welt festschreibt. „Die politische Gemeinschaft und die Kirche sind auf je ihrem Gebiet voneinander unabhängig und autonom. Beide aber dienen, wenn auch in verschiedener Begründung, der persönlichen und gesellschaftlichen Berufung der gleichen Menschen. Diesen Dienst können beide zum Wohl aller umso wirksamer leisten, je mehr und besser sie rechtes Zusammenwirken miteinander pflegen.“ Angela Merkel folgert für sich: „Dienst am Menschen, Deutschland dienen – darum hat es zu gehen.“

Der zweite Begriff ist die Demut. Man kann fast sagen, es ist ein Lieblingswort von Angela Merkel. Sie benutzt es gern und oft und nicht nur in großen Reden, sondern auch im Alltag. Eine enge Mitarbeiterin von ihr nennt typische Sätze, die die Regierungschefin auch schon mal verärgert über den Flur rufen kann, wen ihr etwas nicht passt, wenn sie sich über jemanden ärgert. „Der muss noch demütiger werden.“ Oder auch: „Bisschen mehr Demut täte dem gut.“ So schallt es dann durch die Büros in der siebten Etage des Bundeskanzleramts oder auch eine Etage tiefer im Kabinettssaal. In der gediegeneren Atmosphäre auf dem geschichtsträchtigen Petersberg bei Bonn, wo der „Rheinische Merkur“ sein Jubiläum feierte, da füllt sie den Begriff etwas vornehmer aus. „Das christliche Menschenbild befreit von einem Glauben an eine politische Allmacht oder eine Allzuständigkeit von Politik und Staat.“ Wieder verweist sie auf ihre Diktatur-Erfahrung, um dies zu belegen. „Mit einer solchen inneren Freiheit wissen wir dann auch: Als Menschen sind wir unvollkommen; wir machen Fehler. Wir werden uns am Ende vor Gott verantworten müssen. Das sollte uns Demut lehren – auch in der Politik in jeder verantwortlichen Position. Denn Politik hat, wie gesagt, eine dienende Funktion."

In den Begriffen Dienen und Demut schmilzt vielleicht am besten zusammen, wie Angela Merkel tickt. Sie schließen Machtwillen und Kalkül nicht aus, keineswegs sind sie lähmend zu verstehen. Vielmehr fließt in ihnen eine preußisch-protestantische Haltung zusammen, die die eigene Person der Tat unterordnet – durchaus um danach auch die Person erstrahlen zu lassen. Der dritte Begriff wäre vielleicht der der Distanz, der hinzu kommt und für Merkel charakteristisch ist. Nicht die Nähe von Personen mit ihren Zielen und Wünschen ergibt Politik, sondern die nüchterne Problemlösung mit Demut und Distanz sollte Politik ausmachen. Der Glaube schützt vor der eigenen Überhöhung – zumindest wäre dies der Anspruch. Der Begriff der Demut ist so ziemlich das, was dem rheinischen Katholizismus, der so prägend für die Nachkriegs-CDU war, am fernsten liegt, kommentiert ein früherer Kohl-Vertrauter den Merkelschen Ansatz. Angela Merkel sieht in der Demut eine „transzendente Komponente", die sie der ganzen Gesellschaft wünscht. „Die CDU kann und will natürlich nicht die Arbeit der Kirchen machen. Aber wir können ein Politikverständnis fördern, dass alles, was Parteien und Parlamente regeln, in Demut vor Gott geschieht."[62] Das neue Parteiprogramm, das unter ihr als Vorsitzender verabschiedet wurde, holt den Gottesbezug zum ersten Mal in die Präambel in Anlehnung an das Grundgesetz: „Wir Christliche Demokraten bekennen uns im Bewusstsein unserer Verantwortung vor Gott und den Menschen mit diesem Grundsatzprogramm zu unseren Werten und Zielen und geben Antworten auf die Herausforderungen unserer Zeit."

Zu ihrem Verständnis von Demut gehört es wohl auch, nicht so viele Worte darum zu machen. Von Kohl wird erzählt, er habe immer einen Aktenordner voller „C-Reden" zur Hand gehabt, den er den Leuten vor die Füße geschleudert habe, die ihm mal wieder vorwarfen, das Christliche zu vernachlässigen. Die C-Diskussion ist ein CDU-Ritual, fast so alt wie die Partei selbst. Angela Merkels Sache sind diese Debatten auch nicht. „Wir sollten uns nicht zu viel mit Schwadronieren und Lamentieren aufhalten", so schließt sie ihre Bibelarbeit auf dem Evangelischen Kirchetag 2001 in Frankfurt am Main. „Vorbildlich sind diese Stringenz, diese Klarheit, diese Schnelligkeit und diese wenigen Worte, mit denen Jesus in den existenziellsten Situationen reagiert." Christen als Handelnde, nicht als Hadernde, so dürfte ihre Vorstellung sein. „Ich sage dies ganz bewusst, weil ich meine, dass auch wir Christinnen und Christen in unserem Land immer klar vor Augen haben sollten: Wir haben Grenzen, aber wir haben auch einen Gestaltungsauftrag."

Nachwort

Über Angela Merkel gibt es schon einige Literatur, obwohl sie den Gipfel ihrer bisherigen Karriere erst vor gut drei Jahren erklommen hat. Stärker als bei anderen Köpfen des politischen Betriebs hat der ungewöhnliche Lebensweg der Kanzlerin schon früh das Interesse der Öffentlichkeit geweckt und Autoren auf den Plan gerufen. Die vier umfangreichen Biografien von Wolfgang Stock (Erstauflage 2000), Evelyn Roll (2001), Gerd Langguth (2005) und Jacqueline Boysen (2005) sowie die Darstellung von Hajo Schumacher (2006) dienen diesem Buch als Hintergrund. Eine wertvolle Quelle waren auch der Interviewband von Hugo Müller-Vogg (2004) sowie das ungewöhnliche Bild- und Gesprächs-Buch von Herlinde Koelbl „Spuren der Macht“ (1999).

Für das vorliegende Porträt, das bestimmte Aspekte ihres Lebens besonders herausgreift, habe ich einige Gespräche geführt mit Weggefährten, Freunden, politischen Gegnern sowie Mitstreitern und Mitarbeitern. In den meisten Fällen baten die Interviewten um Vertraulichkeit. Die Namen werden nicht veröffentlicht. Ich bedanke mich ganz herzlich bei den Gesprächspartnern für das offene Wort und die Zeit, die sie sich genommen haben, um der Persönlichkeit von Angela Merkel weiter nachzuspüren.

Bei der Entstehung des Buches haben mir zudem einige mit gutem Rat und Hilfe zur Seite gestanden. Bei all denen möchte ich mich ebenfalls herzlich bedanken. Bei der Entwicklung des Konzepts sowie bei der Recherche haben mich vor allem Martin Gehlen, Olaf Hoffjann, Hans-Christian Maaß und Georg Wichmann unterstützt. Die kritische Durchsicht des Manuskripts haben Egbert Resing und Christoph Strack übernommen. Ein ganz besonderer Dank gilt ihnen dafür.

Berlin, im Januar 2009
Volker Resing

Anmerkungen

1 Merkel, Angela: Mein Weg. Angela Merkel im Gespräch mit Hugo Müller-Vogg. Hamburg 2004. S. 33. Künftig zitiert: Merkel.
2 Merkel, Angela, u.a.: In unruhiger Zeit. Reden und Aufsätze aus drei Jahren deutscher Einheit. Berlin 1994. S.111.
3 Merkel. S. 31.
4 Merkel. S. 29.
5 Merkel. S. 30.
6 Ebd.
7 Merkel. S. 29.
8 Vgl. Herder Korrespondenz. 9/2008. S. 447-451.
9 Aus: Merkel, Angela: Vorbilder meines Glaubens. In : Deutscher Evangelischer Kirchentag Hamburg 1995. Dokumente. Gütersloh 1995. S. 769-776.
10 Ebd.
11 Zitiert nach Koelbl, Herlinde: Spuren der Macht. Die Verwandlung des Menschen durch die Macht. Eine Langzeitstudie. München 1999, S.48. Künftig zitiert: Koelbl.
12 Zitiert nach Koelbl, S.48.
13 Zitiert nach: Roll, Evelyn: Die Erste. Angela Merkels Weg zur Macht. Reinbeck 2005. S. 17. Künftig zitiert: Roll.
14 Zitiert nach: Roll. S. 16.
15 Merkel. S. 39.
16 Vgl. Merkel. S. 29.
17 Ebd.
18 Im Gespräch mit dem Autor am 16. Oktober 2008.
19 Boysen, Jacqueline: Angela Merkel. Eine Karriere. Berlin 2005. S. 17.
20 Im Gespräch mit dem Autor am 9. Oktober 2008.
21 Im Gespräch mit dem Autor am 20. November 2008.
22 Zitiert nach: Roll. S. 18.
23 Vgl. Langguth, Gerd: Angela Merkel. Aufstieg zur Macht. München 2007. S.38-39. Künftig zitiert: Langguth.
24 Merkel. S. 45.
25 Merkel. S. 37.
26 Merkel. S. 29.
27 Zitiert nach: Sonntagsblatt – Evangelische Wochenzeitung für Bayern. Nr. 36 aus 2003.
28 Interview mit Brigitte Huber und Andreas Lebert. In: Brigitte 18/2005 vom 17.8.2005.
29 Langguth, Gerd: Angela Merkel. Aufstieg zur Macht. München 2005. S. 329 (künftig zitiert: Langguth Interview).

30 Merkel. S. 47.
31 Langguth Interview. S. 330
32 Zitiert nach: Sonntagsblatt – Evangelische Wochenzeitung für Bayern. Nr. 36 aus 2003.
33 Gespräch mit dem Autor am 22. November 2008.
34 Vgl. Langguth. S.57-58.
35 Merkel. S. 62.
36 Merkel. S. 63.
37 Im Gespräch mit dem Autor.
38 Langguth Interview. S. 338-339.
39 Zitiert nach Roll, Evelyn: S.95.
40 Vgl. Merkel. S. 70-71.
41 Merkel. S. 72.
42 Vgl. Langguth. S. 127.
43 Merkel. S.78.
44 Merkel. S. 30.
45 Merkel, Angela, u.a. (Hg): In unruhiger Zeit. Reden und Aufsätze aus drei Jahren deutscher Einheit.
46 Ebd. S. 109.
47 Merkel, Angela: Evangelische Verantwortung gestern und heute – zum Gedenken an Hermann Ehlers. In: Thomas Rachel (Hg.): Hermann Ehlers. Evangelische Verantwortung gestern und heute: Berlin 2005. S.21.
48 Koelbl. S. 51.
49 Vgl. Merkel, Angela: (Über Markus 5,21-43, Bibelarbeit. In: Deutscher Evangelischer Kirchentag Frankfurt am Main 2001. Dokumente. S.213-S.220). Gütersloh 2001.
50 Merkel. S. 14.
51 Koelbl. S. 49.
52 Ebd.
53 Ebd.
54 Zitiert nach: Merkel, Angela: Evangelische Verantwortung gestern und heute – zum Gedenken an Hermann Ehlers. In: Thomas Rachel (Hg.): Hermann Ehlers. Evangelische Verantwortung gestern und heute. Berlin 2005. S. 28.
55 Merkel. S. 30.
56 Schumacher, Hajo: Die zwölf Gesetze der Macht. Angela Merkels Erfolgsgeheimnisse. München 2006. S. 95.
57 Merkel. S. 224.
58 Ebd.
59 Langguth. S. 412.
60 Vgl. „Frankfurter Allgemeine Zeitung“ vom 9. 7. 2008.
61 Zitiert nach: Sonntagsblatt – Evangelische Wochenzeitung für Bayern.
62 Merkel. S. 227.

Zeittafel

17. Juli 1954

Angela Dorothea Kasner wird in Hamburg als erstes Kind des Theologiestudenten Horst Kasner und der Lehrerin Herlind Kasner, geb. Jentzsch, geboren. Wenige Wochen nach der Geburt Umzug von Hamburg nach Quitzow (Perleberg) in die DDR.

1957

Umzug nach Templin. Vater Kasner übernimmt die Leitung des Seminars für kirchliche Dienste, später Pastoralkolleg, auf dem Waldhof bei Templin in der Uckermark.

1961

Einschulung von Angela Merkel an die Polytechnische Oberschule, die zunächst noch Goethe-Schule hieß, später nach Hermann Matern, einem SED-Funktionär und „Helden des Sozialismus", benannt wurde.

1970

Konfirmation in der St.-Maria-Magdalenen-Kirche in Templin.

1973

Abitur an der Erweiterten Oberschule (EOS) mit Notendurchschnitt 1,0.

Umzug nach Leipzig. Beginn des Physikstudiums an der dortigen Karl-Marx-Universität.

1977

Hochzeit mit ihrem ersten Mann, Ulrich Merkel. Kirchliche Trauung in Templin.

1978

Abgabe der Diplomarbeit, Ende des Studiums in Leipzig. Umzug nach Berlin.
Sie arbeitet am Zentralinstitut für Physikalische Chemie (ZIPC) der Akademie der Wissenschaften in Berlin-Adlershof und beginnt ihre Promotion.

1982

Scheidung der kinderlos gebliebenen Ehe.

1986

Promotion zum Dr. rer. nat.

1989

Nach dem Mauerfall im Dezember Kontakt mit der neuen Partei „Demokratischer Aufbruch". Zunächst hilft sie als EDV-Administratorin, später wird sie Pressesprecherin.

1990

Am 18. März erste freie Volkskammerwahl der DDR. Lothar de Maizière wird Ministerpräsident, Angela Merkel stellvertretende Regierungssprecherin.
Am 2. Oktober tritt Angela Merkel in die CDU ein.
3. Oktober: Nach der Deutschen Einheit wird sie zunächst Mitarbeiterin im Bundespresseamt.
2. Dezember: Bei der ersten gesamtdeutschen Wahl erringt sie ein Direktmandat in ihrem Wahlkreis Rügen und zieht als Abgeordnete in den Bundestag ein.

1991

Am 18. Januar wird sie als Bundesministerin für Frauen und Jugend im Kabinett von Kanzler Helmut Kohl vereidigt.
Im Dezember wird sie zur stellvertretenden Bundesvorsitzenden der CDU in Nachfolge von Lothar de Maizière gewählt.

1992

Im September wird sie zur Vorsitzenden des Evangelischen Arbeitskreises der CDU gewählt.

1993

Im Juni Wahl zur CDU-Landesvorsitzenden von Mecklenburg-Vorpommern.

1994

Bei der Bundestagswahl am 16. Oktober 1994 wird sie erneut als Direktkandidatin in den Bundestag gewählt.
17. November: Vereidigung als Bundesministerin für Umwelt, Naturschutz und Reaktorsicherheit.

1995

28. März bis 7. April: Umweltministerin Merkel leitet den UN-Klimagipfel in Berlin.

1998

Am 27. September gewinnen SPD und Grüne die Bundestagswahl. Merkel verteidigt ihr Bundestagsmandat, verliert aber das Ministeramt.
Am 7. November wird sie zur neuen CDU-Generalsekretärin gewählt. Neuer CDU-Vorsitzender ist nach Kohl nun Wolfgang Schäuble.
Am 30. Dezember heiratet Angela Merkel ihren langjährigen Partner, den Chemieprofessor Dr. Joachim Sauer. Es findet keine kirchliche Trauung statt.

1999

In einem Beitrag für die FAZ am 22. Dezember bricht die CDU-Generalsekretärin mit dem Ehrenvorsitzenden Helmut Kohl. Angesichts der Spendenaffäre müsse die Partei jetzt ihre Zukunft ohne ihn gestalten.

2000

Am 16. Februar tritt Wolfgang Schäuble als CDU-Vorsitzender zurück. In den kommenden Wochen entwickelt sich Angela Merkel zur Favoritin für die Nachfolge.
Am 10. April wählt der Bundesparteitag in Essen Angela Merkel zur CDU-Parteivorsitzenden.

2002

Verzicht auf die Kanzlerkandidatur, Edmund Stoiber wird Spitzenkandidat für die Bundestagswahl.
Bei der Bundestagswahl am 23. September kann Bundeskanzler Schröder seine Mehrheit knapp verteidigen. Stoiber verliert. Angela Merkel übernimmt den Unions-Fraktionsvorsitz von Friedrich Merz.

2003

22. März: Unter Führung der USA beginnen die Koalitionstruppen ihre Irak-Invasion, in der Folge der Diktator Saddam Hussein gestürzt wird.
Am 27. Mai trifft Merkel Johannes Paul II. im Vatikan zu einem 15-minütigen Gespräch.
Beim Leipziger Parteitag im Dezember beschließt die Union die von Merkel geforderten umfassenden Reformpläne für die Bereiche der Sozial-, Wirtschafts- und Gesundheitspolitik.

2004

Am 23. Mai wird Horst Köhler zum neuen Bundespräsidenten gewählt. Merkel setzt ihn gegen Widerstände in den eigenen Reihen durch.

2005

Am 30. Mai wird Merkel vom Parteipräsidium zur Kanzlerkandidatin für die vorgezogenen Bundestagswahlen nominiert.
Bei der Bundestagswahl am 18. Dezember schneidet die Union überraschend schlecht ab. Die angestrebte CDU-FDP-Regierung kann nicht gebildet werden. Angela Merkel kann sich in den Tagen danach dennoch durchsetzen und bleibt Fraktionsvorsitzende.
Am 22. November wählt der Bundestag Angela Merkel nach zähen Koalitionsverhandlungen zur ersten Kanzlerin der Bundesrepublik Deutschland. Sie steht einer großen Koalition vor, der acht SPD-Minister und sieben Unionsminister angehören.

2006

Bereits nach wenigen Wochen im Amt steigt Angela Merkel die Beliebtheitsskala nach oben. Teilweise liegen ihre Werte bei Umfragen über denen von Kohl zu dessen besten Zeiten.
Fußball-Sommermärchen in Deutschland: Merkel gibt sich volkstümlich auf der Tribüne und feiert die Siege der deutschen Mannschaft mit.
Beim Parteitag im Dezember in Dresden stößt Merkels Modernisierungskurs auf Widerspruch. Dazu gehören die Themen Elterngeld, Stammzellforschung und auch die Frage von Hartz IV für ältere Arbeitnehmer.

2007

Angela Merkel hat für ein halbes Jahr den Vorsitz im Europäischen Rat inne. Gleichzeitig übt sie für ein Jahr den Vorsitz in der Gruppe der acht stärksten Wirtschaftsnationen (G8) aus.
6. bis 8. Juni: Gipfel der G8 in Heiligendamm.
21.–22. Juni: Europäischer Rat in Brüssel. Merkel erreicht eine Einigung im Prozess des EU-Verfassungsvertrags.
23. September: Die Bundeskanzlerin empfängt den Dalai Lama im Bundeskanzleramt.

2008

11. April: Der Bundestag beschließt eine Änderung des Stammzellgesetzes, mit der die Forschung an embryonalen Stammzellen in Deutschland ausgeweitet wird.
Am 8. Oktober gibt Angela Merkel im Zuge der Finanzkrise eine Garantieerklärung für alle deutschen Spareinlagen ab.

2009

Am 27. September findet die Bundestagswahl statt. Angela Merkel tritt gegen den Kanzlerkandidaten der SPD, Außenminister Frank-Walter Steinmeier, an.

Ausgewählte Literatur

Boysen, Jacqueline: Angela Merkel. Eine Karriere. Berlin 2005.

Ernst-Bertram, Bettina und Planer-Friedrich, Jens: Pfarrerskinder in der DDR. Außenseiter zwischen Benachteiligung und Privilegierung. Hg. v. Bürgerbüro e.V. Berlin 2008.

Koelbl, Herlinde: Spuren der Macht. Die Verwandlung des Menschen durch die Macht. Eine Langzeitstudie. München 1999.

Langguth, Gerd: Angela Merkel. Aufstieg zur Macht. München 2007.

Leinemann, Jürgen: Höhenrausch. Die wirklichkeitsleere Welt der Politiker. München 2004.

Merkel, Angela: Mein Weg. Angela Merkel im Gespräch mit Hugo Müller-Vogg. Hamburg 2004.

Neubert, Ehrhart: Unsere Revolution. Die Geschichte der Jahre 1989/90. München 2008.

Roll, Evelyn: Die Erste. Angela Merkels Weg zur Macht. Reinbeck 2005.

Schumacher, Hajo: Die zwölf Gesetzte der Macht. Angela Merkels Erfolgsgeheimnisse. München 2006.

Bildnachweis

S. 8, 12, 17, 30, 37, 49, 65, 70, 76, 101, 106, 114, 116, 125, 138, 143:
© picture-alliance/dpa, Frankfurt a. M.

S. 51: © epd-bild/Ralf Maro, Frankfurt a. M.

S. 93: © epd-bild/Andreas Schoelzel, Frankfurt a. M.